Vivre ses désirs, vite !

Sophie Cadalen
Bernadette Costa-Prades

Vivre ses désirs, vite !

Philippe Rey

7, rue Rougemont – 75009 Paris
www.philippe-rey.fr

À nos enfants, pour qu'ils ne cessent d'écouter la musique de leur désir.

Introduction

On dit que le désir naît de la volonté. C'est le contraire. C'est du désir que naît la volonté.

Denis Diderot

Ah! le désir… Notre époque n'a que ce mot à la bouche, mais qu'entend-elle par là?

Un désir de parfum, de café, de glace, de vêtements chic?

Le désir sexuel, qui envahit les magazines, dès que les premiers rayons du soleil pointent leur nez?

Le désir dont nous allons parler n'a rien à voir avec les objets de consommation, même s'il ne les condamne pas. S'il concerne la sexualité, il ne se réduit pas à la génitalité, aux exploits sous la couette: nous pouvons faire l'amour trois fois par jour sans être pour autant un sujet désirant.

Le désir qui nous intéresse ici est cette énergie qui nous agite, nous enthousiasme, nous dilate et nous fait vivant. C'est lui encore qui nous rend créatif, inventif, audacieux, et fait que la vie est digne d'être vécue, dans tous les domaines.

Sa quête hante le silence feutré du bureau du psychanalyste : où est mon désir ?

Comme s'il s'agissait d'une sorte de graal à dénicher, un trésor dont il faudrait trouver la clé : une fois le coffre ouvert, nous serions enfin heureux et comblé.

Mais le désir n'est jamais figé dans un lieu. Sa grâce est d'être mobile, inattendu, sans cesse à conquérir, autant de dimensions qui le font mystérieux et passionnant. Le croit-on parti dans cette direction ? Il est déjà ailleurs, comme un enfant malicieux, qui rit de ne pas avoir été attrapé. Sauf que nous n'aimons guère cet aspect fugace, tant les certitudes d'être arrivé au port nous rassurent. Le désir nous fait peur encore, parce que nous craignons qu'il nous déborde, et nous nous employons à lui tenir les rênes courtes, comme s'il s'agissait d'un cheval fou. Pourtant, la métaphore de la rivière qui slalome dans la prairie, tombe par moments en cascade, déborde parfois, est plus pertinente pour illustrer le désir. Veut-on édifier un barrage pour la dompter ? La force de l'eau finirait par le faire céder. Allons-nous creuser une vasque pour ralentir son cours ? Elle se mettrait à croupir. Notre désir se plaît à rester une eau sauvage, sur laquelle nous pouvons circuler joyeusement, à laquelle nous pouvons nous abandonner. S'il n'a pas d'endroit précis, fixe, nous pouvons apprendre à écouter sa musique quand elle se fait entendre. Et décrypter nos peurs, nos freins conscients et inconscients qui le bâillonnent, comme nous allons vous y inviter. Si nous cessions de remettre nos désirs à demain ? Vite, tournez la page !

1
Désir en kit, désir vivant

La musique se vend comme le savon à barbe.

Léo Ferré

Puisque la publicité est un bon miroir d'une époque, que dit-elle de notre sujet ? Observons le spot télévisuel d'un « café nommé désir » : le couple s'envole, métaphore légèrement appuyée pour évoquer l'excitation sexuelle, l'accès au septième ciel, puis il redescend sur terre, visiblement apaisé. Le message ? Boire un café s'apparente à faire l'amour. Une autre nous vend ses capsules colorées par l'intermédiaire d'un sex symbol, what else ? Les parfums ne sont pas en reste : personne ne semble pouvoir résister à leur fragrance envoûtante. Une femme quitte son partenaire au milieu de la nuit pour rejoindre un amant au parfum irrésistible. Que dire encore de cette campagne pour des glaces où une femme se bat contre un frigo à la porte verrouillée, avec une rage qui montre l'étendue de sa frustration ? Lorsque la porte s'ouvre enfin, soupir de soulagement : quand le désir s'impose, rien ne nous résiste… Cette scène renvoie au caprice – je veux là maintenant tout de suite –, mais aussi aux effets d'une drogue : sans mon bâtonnet de glace, je suis en manque, dès que je l'ai, je suis proche de l'extase. En observant bien ces publicités, que nous promettent-elles en filigrane ? Le nirvana. Une fois l'objet acquis, nous flotterions dans les airs, satisfaits, surplombant le monde comme des illuminés. Nous serions alors installés pour toujours au-dessus de la vie, au-dessus de ses hauts, de ses bas, de ses incertitudes. L'image que renvoient les mannequins sublimes, forcément sublimes, renforce le message de cette incarnation de l'infaillible…

Toujours plus !

Ces objets de désir sont censés nous combler assurément et définitivement. Nous serions repus, arrivés enfin au port, sauf que l'illusion ne dure guère, l'insatisfaction revient, et nous voilà déçus, en quête de nouveaux objets.

Toute proposition génère de nouveaux besoins – que nous appellerons abusivement désirs – comme s'il s'agissait d'avoir toujours plus, d'avoir toujours mieux. Si c'est à disposition, pourquoi m'en passerais-je ? Il n'y a aucune raison de me contenter de ce que j'ai déjà. Pour autant ai-je vraiment envie de ce qui m'est proposé ? Rien n'est moins sûr. Est-ce que cela me satisfait vraiment ? A priori, les autres en seraient plus heureux… Se niche ici encore la terreur de passer à côté d'un produit que ces autres pourraient avoir avant moi. La personne qui fait du shopping tous les samedis après-midi, qu'il neige ou qu'il vente, qu'elle ait ou non besoin d'un vêtement, va consommer, rassurée par l'aspect routinier de ce rituel d'un prétendu désir autorisé, encadré. Si ce jour-là elle ne s'y rend pas, est-ce que le vêtement idéal ne risque pas de lui échapper ? Elle pourrait passer à côté de celui qui la rendra plus belle... Comment expliquer encore les longues files d'attente devant une librairie à minuit pour avoir un livre dès sa sortie, alors qu'il est possible de l'acheter tranquillement le lendemain ? La peur de manquer ? Dans notre époque d'abondance, voilà qui est pour le moins curieux. Que les personnes ayant vécu la guerre s'inquiètent devant un frigo vide ou des difficultés à se procurer tel ou tel objet, on peut comprendre, mais les plus jeunes ?

Tout, tout de suite !

Il faut donc en conclure que cette peur du manque est avant tout imaginaire, puisqu'elle tenaille des individus qui concrètement n'ont pas connu de véritables carences. En fait, ces propositions ne marchent que parce que nous réclamons cette consommation, que nous l'approuvons. Pourquoi ? Parce qu'elles viennent toucher en nous des zones inconscientes et infantiles. Face à cette avalanche d'objets, nous avons des exigences immatures : j'ai dix jouets, je tape du pied pour avoir le onzième. Je viens d'acquérir un portable mais, dès que je l'ai, il est déjà dépassé, et un autre modèle fait surface. Ses nouvelles fonctions sont infimes ? Tant pis, il me le faut ! Les objets se succèdent, les modes changent... Nombreux sont ceux qui se comportent désormais comme des enfants capricieux, gâtés, jamais contents, et dont les parents soupirent : pourtant, il a tout !

Un désir de vide suspect

Notre propos n'est pas ici de dénoncer toute consommation, mais de mettre en lumière la façon dont beaucoup attendent de ces objets qu'ils comblent des manques, qu'ils assoient une identité chancelante. On peut aussi refuser de consommer pour les mêmes raisons souterraines. Les personnes qui clament ce rejet – lequel consiste généralement à consommer d'autres types d'objets, plus équitables par exemple – adoptent souvent des positions intransigeantes, ne supportent pas les différences. Rendez-vous un jour à un salon des Alternatives en chaussures à talons ou en costume, c'est une expérience intéressante... Il s'agit d'autres conformismes, d'autres réassurances, et l'éloge du dépouillement peut faire office de remplissage, sauf chez ceux qui s'inquiètent sincèrement et à juste titre pour la planète. Ceux-là défendront leur position avec des arguments politiques, sans se sentir remis en question en tant qu'individus si d'aventure on adopte une autre route qu'eux. En fait, tout dépend de ce que nous attendons des objets que nous consommons. Prenons cette femme qui a les moyens de changer fréquemment de sac : se fait-elle plaisir parce qu'elle aime cet accessoire ou attend-elle de ce énième modèle qu'il lui garantisse un standing et conforte son identité ? Si après tout elle en a envie, si elle choisit d'investir son argent là plutôt qu'ailleurs, pourquoi pas ? Mais n'est-ce pas plutôt parce qu'elle a ainsi l'assurance d'exister ? Que penseraient ses copines si elle ne l'avait pas ? « La frustration est un sentiment imaginaire, qui porte sur un objet bien réel », rappelait le psychanalyste Jacques Lacan. En acquérant tout ce qui pourrait venir à manquer, ce qui ferait défaut, j'empêche l'émergence d'un désir qui me surprendrait, qui me dérouterait peut-être. Les objets, eux, tant que j'ai les moyens de les acquérir, ne se dérobent pas, même si au final ils ne m'apportent pas la satisfaction escomptée.

Sans cet objet, vous n'existez pas

Que ce soit le dernier portable ou le poncho en laine de chèvre, ces objets seraient censés nous apporter un supplément d'âme, une identité solide, une consistance. Ah ! si j'avais cette superbe voiture, toutes les filles me tomberaient dans les bras, ma vie serait formidable ! J'aurais l'air de quoi sans la dernière tablette ? Les propositions marchandes de la société ne fonctionnent que sur cet imaginaire : sans cet objet, vous n'existez pas. Là réside le grand malentendu : aucun objet ne nous définira jamais, car nous resterons indéfinissable, toujours. Nous sommes constitué de manque, duquel jaillit la pulsion, cette « poussée du vide » dont parle Lacan. Et de ce vide naîtront constamment de nouveaux événements, qui ne nous définiront que partiellement et momentanément, nous allons y revenir. Le désir qui nous intéresse est toujours marqué par une insatisfaction, qui n'est pas frustration mais espace à libérer, à conquérir. Il a besoin de vide pour se faufiler, d'un vide impossible à combler, et que l'on tente pourtant de réduire par ces objets et propositions de consommation.

Le désir verrouillé

Les troubles alimentaires illustrent bien le verrouillage d'un désir vivant. Ainsi, l'anorexique, une femme souvent intelligente, est dans la totale maîtrise de sa vie, comme de son appétit. Elle ne se laissera pas prendre par la surprise d'une fringale, la dominera, quitte à se laisser mourir de faim pour ne pas être trop vivante ! En adoptant le comportement inverse, la boulimique opte pour la même stratégie : elle se remplit de nourriture pour n'avoir aucun espace d'où l'appétit pourrait surgir, lequel pourrait soulever un autre désir qui ne serait pas de nourriture cette fois, mais d'amour par exemple. En annulant l'appétit, ou en se gavant, les deux se protègent d'une envie qu'elles n'auraient pas anticipée. Car le désir est justement du côté de l'imprévisible, de la surprise.

Besoin, demande et désir

Pour aborder ce désir, cette énergie vitale à laisser circuler en nous, nous allons d'emblée établir la distinction entre ces trois termes, telle que l'a posée Jacques Lacan, elle servira de fil rouge à notre réflexion. Le besoin est le plus facile à reconnaître et à satisfaire. Nous avons besoin de nourriture, a priori trois bols de riz par jour suffisent à calmer notre faim, à assurer notre survie. La demande pointe son nez dès que ce besoin est satisfait. Allons-nous répondre à une injonction de notre magazine préféré qui nous brandit le régime sans gluten, ou sans lait, ou sans sucre ? Autant d'invitations à bien consommer, autant de demandes tacites qui nous infligent des denrées très éloignées de notre désir… Celui-ci va se manifester lorsque nous céderons à notre furieuse envie d'un tournedos au foie gras, lequel ne répond à aucune injonction des nutritionnistes ! Le désir est celui qui tire la langue aux empêcheurs de jouir. Ce même désir peut aussi se régaler de légumes aux épices, là où notre mère impose sa lourde daube : sous prétexte qu'elle l'a cuisinée toute la matinée, impossible de se dérober ! Prenons encore le bébé : il a besoin de lait pour grandir, mais, si l'on se contente de l'alimenter, il va dépérir petit à petit, car l'essentiel de la tétée se passe en dehors de cette nécessité nutritive. S'y ajoute une demande d'amour, de tendresse, d'attention – qu'il manifeste en réclamant le sein ou le biberon sans pourtant avoir faim – dans laquelle le tout-petit tente d'attraper une dimension qui le comblerait définitivement. De son côté, le parent qui satisfait le besoin de son enfant a aussi ses demandes : il veut que son petit finisse son assiette de façon explicite – une cuillère pour papa, une cuillère pour maman –, mais il en a aussi d'autres, non formulées : « comble ce que je n'ai pas réussi à combler », « réussis là où je n'ai pas réussi ». L'enfant qui refuse la cuillère n'accède pas à la demande du parent, et peut-être résiste-t-il à celle, plus sournoise et plus difficile à esquiver, de le satisfaire bien au-delà d'ingurgiter son repas. Le besoin étant satisfait et la demande pas tout à fait comblée – impossible, elle est sans fond ! –, le désir peut alors émerger et se faufiler dans cet interstice. À refuser parfois ce que lui tend le parent, l'enfant peaufine ses goûts particuliers, ses envies propres.

Des demandes imaginaires

Nous passons notre vie à être sollicités par des demandes réelles et concrètes, auxquelles nous pouvons dire oui ou non, mais surtout par des demandes supposées, qui relèvent la plupart du temps de l'imaginaire. Et plus l'affectif entre en jeu, plus nous sommes susceptible de nous y soumettre… La famille est le lieu où circulent allègrement ces demandes, côté parent, comme côté enfant, à tous les âges. Ainsi le jeune qui vous appelle à 17 heures pour vous annoncer qu'il s'invite à dîner, alors que vous vouliez aller au cinéma avec votre conjoint. Vous lui dites gentiment que vous aviez prévu autre chose, il vous répond avec un air de saint-bernard abandonné : « Mais c'était le seul soir de la semaine où j'étais libre... » Un refus, cordial mais ferme, est pourtant salutaire pour le parent, comme pour ce grand enfant qui tente inconsciemment de le culpabiliser. Lui dirions-nous oui, ce ne serait jamais tout à fait satisfaisant quand même, car il ne s'agit pas uniquement de s'inviter à dîner parce que son frigo est vide, mais de tester si son parent est bien disponible pour lui vingt-quatre heures sur vingt-quatre.

Un espace pour qu'émerge le désir

Malheureusement, nous pensons souvent à tort qu'en répondant au plus près à cette demande, tout ira pour le mieux, alors qu'à ce jeu-là nous sommes toujours perdant. Ainsi la femme qui s'habille uniquement pour plaire à son mari, délaissant ses propres goûts vestimentaires, s'expose forcément à la déception : quelle que soit son application, il y aura toujours un détail qui n'ira pas, et elle ne s'y retrouvera pas. Cela ne signifie pas que nous ne devons jamais prendre en compte cette demande : je peux porter une robe qui plaît à mon mari, il porte de temps en temps pour me faire plaisir le pull que je lui ai offert. Mais je ne renonce pas à mes escarpins dorés qui le font hurler au mauvais goût, pas plus qu'il ne renonce à sa parka de soixante-huitard si confortable... C'est dans ce jeu, dans cet espace-là que nous ne nous laissons pas engloutir par la demande de l'autre, que nous conservons notre singularité, celle qui nous rend désirant, désirable et désiré. Si la demande – omniprésente – n'est pas à bannir, elle est toujours à interroger : ai-je envie d'y répondre, jusqu'où, et surtout à quel endroit je me place en disant oui ? Rarement rationnelle, elle peut être un gouffre qui nous aspire et nous détourne de nos propres désirs.

Interroger ses désirs

Cette distinction entre besoin, désir et demande recouvre des notions complexes dont voici quelques exemples. Ainsi, j'ai besoin d'une voiture pour aller à mon travail. Quel modèle vais-je choisir ? Une Mercedes, parce que je ne veux surtout pas que l'on me prenne pour un looser ? Là, nous avons déjà basculé dans la demande imaginaire. Car qui va nous prendre pour un looser ? Rien n'assure qu'on ne se trompe pas totalement : les autres peuvent aussi nous prendre pour un parvenu ! C'est toujours le risque quand on essaie de coller à une demande, supposée, qui occulte notre désir...

Et ce désir, comment parvient-il à se faufiler ? La boîte pour laquelle vous travaillez vous a donné un budget inespéré : pour une fois, pensez-vous en vous frottant les mains, vous avez l'occasion d'avoir une belle voiture, celle qui vous fait envie depuis que vous êtes tout petit. Vous vous moquez d'épater la galerie, vous ne vous demandez pas de quoi vous auriez l'air avec ou sans voiture de luxe, vous voulez juste faire « vroum, vroum » avec une grosse cylindrée, un vieux rêve de môme. Quand le premier n'agit qu'en fonction du regard de l'autre, le second œuvre pour son plaisir, et, même si un soupçon d'aspiration à susciter l'admiration est là en sourdine, il n'est pas déterminant. Par ailleurs, nous sommes habité par une foule de désirs, d'envies qui n'aboutiront jamais. Je rêve de conduire une Jaguar? Peut-être, mais les ennuis qui vont avec m'en font passer l'envie: la garer dans un lieu sûr, me ruiner en essence, autant de facteurs qui m'y font renoncer sans douleur. Pourtant, nous l'avons vu plus haut, une grande partie des consommateurs ne se posent pas la question en ces termes-là: ils s'achètent des objets pour devenir quelqu'un, répondre à une demande supposée de leur environnement, sans jamais interroger leurs réelles motivations et le plaisir qu'elles visent.

Une demande peut en cacher une autre

Nous passons notre temps à tricoter ces trois instances, à signifier nos demandes aux autres – nous ne pourrons en faire l'épargne – en prenant le risque de les voir refusées. Si j'ai envie d'être augmenté, que je suis en droit de le réclamer, vais-je en faire la demande pour autant? Pas sûr... C'est précisément à cet endroit que la confusion s'installe, la demande en cachant souvent une autre, d'une tout autre nature: est-ce que je compte pour vous? Est-ce que vous me reconnaissez? Et non la seule interrogation qui vaille: est-ce que j'estime que je le mérite, que mon travail et mon expérience le justifient, à hauteur de quel montant? À ce stade, le supérieur hiérarchique, qui a toutes les antennes nécessaires pour détecter la quête d'amour sous la réclamation d'argent, répond finement: « Mais oui Martin, je vous aime beaucoup, vous faites un travail formidable, mais nous verrons cela plus tard! » Et Martin de sortir du bureau en ronchonnant. Décidément, on ne le reconnaît pas à sa juste valeur! Prenons Durand, sûr de la légitimité de sa demande et assumant son désir d'être augmenté. Qu'on l'aime ou pas, il s'en moque, c'est un plus, pas une nécessité. Il va négocier, argumenter, peut-être d'ailleurs aura-t-il la même réponse au final – comprenez-moi, Durand, c'est la crise –, mais il sortira du bureau sans avoir l'impression de s'être humilié. Il a fait son possible, il reviendra d'ailleurs à la charge dans deux mois : on lui fera le coup de la crise une fois, pas deux, le patron l'a bien compris, il a juste gagné un peu de temps.

Les demandes muettes

D'autres se drapent dans une attitude digne : « Je ne demande rien à personne, je ne veux pas déranger, moi, je ne suis pas comme ça… » Cette posture est plus complexe qu'il n'y paraît : la plupart du temps, c'est celle d'une personne qui se garde bien d'exprimer son désir, qui refuse de s'exposer, qui croit qu'être autonome, c'est ne rien demander. Ne serait-ce pas plutôt une façon d'éviter de reconnaître son propre désir, d'avoir l'aplomb, l'assurance de l'assumer, et le courage de l'exprimer à l'autre ? Il faut également y entendre la voix d'un petit enfant désireux qu'on vienne le chercher sans qu'il ait besoin de réclamer : celui qui l'aime doit deviner ce qu'il espère. La demande n'est pas formulée, mais l'attente, elle, est bel et bien là. En fait, dans cette position, elle est même extrêmement précise.

Nous venons d'écrire un livre et, comme tout auteur, nous rêvons qu'il va intéresser un large public… Nous en avons le désir, mais pour que cette envie de le voir émerger du lot se concrétise, il va falloir adresser des demandes à notre entourage, contacter des personnes susceptibles de nous aider à en faire la promotion. Ce sont des demandes clairement énoncées, qui induisent un risque de se prendre des portes sur le nez. Ces magazines avec lesquels nous travaillons régulièrement ? Ils en parleront à peine, peut-être même pas du tout. Notre réseau, que l'on pensait si vaste ? Il ne l'est pas tant que ça. Il va nous falloir faire face à ces désistements, à cette indifférence. Évidemment, en évitant toute demande explicite, nous esquiverions du même coup les déceptions éventuelles, mais notre désir, lui, de voir le livre marcher, serait à remiser. Resterait en sourdine une demande muette : nous aimerions tellement que vous parliez de notre livre, sans avoir à prendre le risque de vous le demander, de rencontrer votre refus ! Une fois ce fonctionnement repéré, ces espoirs caressés et ces demandes non exprimées qui nous piègent, que ce soit pour un livre ou toute autre chose qui nous tient à cœur, nous osons les énoncer et avançons réellement. Ces attitudes sont fréquentes dans le couple, nous allons y revenir longuement, et en famille, où l'on croit souvent que les choses n'ont pas besoin d'être dites, mais où circule un nombre impressionnant de demandes muettes.

Égoïste, le désir ?

Le désir est souvent ressenti comme égoïste et, en ce sens, il en effraie plus d'un, alors que répondre à la demande – qu'elle soit ou non formulée – nous paraît toujours plus généreux. Ainsi, la fille dévouée qui se sacrifie pour ses vieux parents, le lui a-t-on réellement demandé ? Que cherche-t-elle en accourant à cette place ? Veut-elle doubler les autres par sa « générosité » inépuisable ? Récupérer de l'amour, si d'aventure elle n'a pas eu son compte ? Si quelqu'un veut la seconder, elle perd alors sa toute-puissance de faire les choses comme elle l'a décidé. La laisse-t-on faire, qu'elle se met alors à pester qu'elle est la seule à se dévouer, que ce n'est pas juste. Nous ne cessons d'être en demande, d'être demandé et nous passons notre temps à ne pas écouter nos propres désirs pour répondre à ces demandes, muettes et supposées la plupart du temps, et qui en sont d'autant plus tyranniques.

Le message du désir, le code pour y accéder

Outre cette distinction entre demande et désir, gardons encore à l'esprit celle entre le code et le message, elle nous servira également de fil conducteur. Le message est une expression de nos désirs inconscients. C'est lui qui nous emporte, nous motive, il véhicule nos envies, manifeste nos impatiences de les voir aboutir. Le code, lui, est l'ensemble des règles avec lesquelles nous allons devoir composer pour faire entendre notre message. Les positions névrotiques que sont l'hystérie et la névrose obsessionnelle nous aideront à mieux cerner leur complémentarité. L'hystérique déborde de messages, a mille désirs, mille envies : monter sa boîte, faire un film, créer une chambre d'hôtes, écrire un roman… Tant qu'il en reste au niveau du projet, il n'y a pas plus créatif que lui ! Mais, dès qu'il faut suivre les codes pour le faire aboutir, dès qu'il s'agit de se frotter à des processus ou règles incontournables pour le concrétiser, il s'en montre incapable, ses belles idées restent lettre morte. À l'inverse, l'obsessionnel rumine son projet : il n'a jamais assez de connaissances pour se lancer vraiment, accumule les stages, apprend le chinois – on ne sait jamais, si son projet venait à s'exporter. Dans cette frayeur de ne pas avoir toutes les billes en main, de ne pas posséder tous les codes, il ne se décide jamais, ne s'autorise pas l'action. L'un et l'autre passeront sans cesse à côté de leur désir, le premier par refus de suivre les codes, le second s'appliquant tellement à les respecter qu'il en néglige son message. Tous deux au fond suivent la même démarche : rester dans le rêve et protéger leur ego d'une déception. L'hystérique cajole l'idée qu'il se fait de lui-même, souvent une assez haute idée d'ailleurs, et reste persuadé d'être le roi du monde : ah, on verrait ce qu'on verrait, s'il se décidait ! L'obsessionnel se préserve aussi d'une éventuelle déception : s'il ne fait rien, il n'échouera pas, c'est toujours ça de pris. Nous ne cessons de tricoter code et message, tout comme besoin, demande et désir. Conduire sa vie, c'est en permanence les réajuster. En cours de route, de nouvelles données nous obligeront à revoir des règles, à changer quelque peu notre projet, sans toutefois le perdre de vue. Pour que notre désir puisse s'exprimer, nous devrons slalomer, sauter les obstacles. Tel cet entrepreneur aux idées originales, mais qui n'a aucun sens de la gestion et la confie à une personne plus compétente que lui. Il se donne ainsi les moyens d'innover, tout en s'assurant d'une réussite grâce aux codes financiers, qui ne supportent guère l'à peu près. L'hystérique, dans sa toute-puissance, aurait fait capoter sa boîte et se serait surendetté, tandis que l'obsessionnel aurait les compétences d'un expert-comptable, mais pas de projet original à défendre.

Un désir qui ne regarde que soi

Comme ils sont rassurants, ces discours qui nous fournissent des désirs formatés ! Nous serions censés avoir tous les mêmes, nous réchauffer au sein d'une vaste communauté de désirants portés par les mêmes élans. En suivant un tempo normalisé, extérieur à nous-même, nous sommes sûr de ne pas en être débordé, de rester dans les clous du « bien » faire. Sauf que le désir se moque des normes et se caractérise souvent par son aspect frondeur, à contre-courant de ce qui est attendu. Il se reconnaît à ce sentiment d'exister pleinement, à un moment précis, forcement fugitif. Il a son rythme propre, et part toujours de soi, alors que la demande implique de s'en remettre aux attentes des autres. Il faut aller voir Velázquez ? Oui, si le désir est là, mais les queues impressionnantes devant les expositions traduisent-elles un désir fou pour l'art et ce peintre en particulier, un engouement sans précédent ? Si vous voulez repérer votre désir, traquez tous les « il faut » pour vous demander : « Dans le fond, de quoi ai-je réellement envie ? » De voir Velázquez, absolument ?

Tu me désires, n'est-ce pas ?

Le désir vivant ne fonctionne pas forcément avec les codes en vogue. C'est notre singularité qui nous rend séduisant, car elle ne cherche pas à plaire à tout le monde. Elle n'a pas besoin du regard des autres pour s'épanouir. Beaucoup de vedettes ou de personnalités se nourrissent de ce regard qu'ils imaginent envieux. Sur le port de Saint-Tropez, les badauds flânent en espérant apercevoir les propriétaires des yachts. Pour la plupart, il s'agit d'un jeu, ils savent bien qu'ils ne pourront jamais s'offrir un tel bateau et n'en souffrent pas vraiment, ce monde est tellement loin du leur. La distance entre le quai et le yacht marque d'ailleurs une frontière infranchissable. Parfois ces bateaux, qui quittent rarement le quai, vont faire un tour en mer et s'approchent de la plage.

Ses passagers mettent la musique à tue-tête et dansent sur le pont, suffisamment près du rivage pour être vus des estivants, quand ils pourraient faire la même chose au large. Oui, mais ils ont besoin que les pauvres les regardent, les envient. Certains encore ne s'offrent des maisons que pour les faire visiter : aucun objet vraiment personnel, aucune vie, aucun désir, juste la satisfaction de montrer qu'ils peuvent se la payer, pas les autres.

Le désir s'affranchit de la reconnaissance

Un jeune homme à la terrasse d'un café s'interroge : il voudrait, dit-il, écrire de la poésie, tout en soupirant qu'elle est invendable. Mais n'est-ce pas là une mauvaise question ? S'il écrit sous cette forme parce que c'est ainsi qu'il a envie de s'exprimer, son désir doit s'affranchir des desiderata d'un éventuel public. On imagine mal Arthur Rimbaud ou René Char se demander s'ils allaient plaire à leurs lecteurs...

Un journaliste, constatant que Jean d'Ormesson était aimé des hommes de droite comme de gauche, des jeunes comme des moins jeunes, lui demandait pour quel public il écrivait. L'écrivain a répondu qu'il ne savait pas. Il a l'air de vouloir faire plaisir à tout le monde, mais non, à sa table de travail, il n'écrit pour personne en particulier, sinon, assurait-il, il serait mort ! Roland Barthes se faisait la même remarque, soulignant l'inanité d'une démarche qui consisterait à vouloir plaire assurément : on écrit pour être aimé et l'autre ne nous lit jamais comme nous aimerions qu'il nous lise.

Quand demande et désir se rejoignent

S'affranchir du regard de l'autre ne veut pas dire s'en moquer. Le domaine artistique en offre un bon exemple. Quand on écrit, quand on peint, quand on filme, on a le désir de rencontrer un public, le fruit de ce travail n'est pas fait pour rester confidentiel. Le cinéaste Xavier Dolan, qui a remporté le prestigieux Prix du jury à Cannes en 2014 pour son film *Mommy*, en témoigne. Le journaliste Augustin Trapenard[1] lui faisait remarquer que son discours ressemblait à celui qu'il aurait prononcé s'il avait reçu la Palme d'or. Réponse du cinéaste génial de vingt-six ans : « Tous les réalisateurs s'imaginent qu'ils ont une chance de l'avoir, une sur dix-huit, mais une quand même ! Présentez-moi quelqu'un qui dise "j'espère ne pas la gagner". Patrice Chéreau a avoué avoir pleuré pendant deux jours dans sa chambre d'hôtel parce qu'il ne l'avait pas eue pour son film *Ceux qui m'aiment prendront le train*. On aspire toujours à ce que les gens qui découvrent nos films les aiment, mais cela ne m'empêche jamais de filmer ce que j'ai envie de filmer. » Il écrit toujours sur le thème de la mère, et n'a pas du tout l'intention pour l'instant d'abandonner ce fil, au risque de lasser son public. À l'inverse, Picasso, qui a également suivi son désir toute sa vie, sans concession, a changé plusieurs fois de route, mais a toujours rencontré la demande du public.

1. Émission sur France Inter le 6 octobre 2014.

Les surprises du désir

Le désir ne se ressent pas toujours comme une évidence, comme une grâce tombée du ciel, il réserve souvent des surprises. Il peut même naître d'une contrainte, se dessiner peu à peu. Ainsi, une demande extérieure peut faire émerger un désir, l'éclairer, à condition toutefois qu'elle ne l'écrase pas. L'auteur signe un contrat parce qu'il a besoin de boucler ses fins de mois et le désir émerge, joyeux, au fil de l'écriture. Ce qu'il avait commencé sous la pression du besoin financier et de la demande du commanditaire, dévoile en route un réel désir qui s'ignorait. On constate encore ce phénomène à la télévision, enfermée dans des cases rigides, difficiles à faire bouger. Mais là où un cinéaste parviendra à se faufiler pour faire entendre sa propre musique – c'est le cas de la réalisatrice Josée Dayan, avec ses films historiques –, d'autres s'y sentiront à l'étroit, ne verront que les contraintes, et finiront par faire un film loin de leur univers, qu'ils renieront par la suite. Ils s'étaient engagés, pleins d'allant, vers le projet, pour constater que les demandes autoritaires auxquelles ils devaient faire face avaient tué leur désir dans l'œuf.

Le désir est irrationnel

C'est dans sa manifestation sexuelle que nous pouvons peut-être saisir le mieux sa part d'irrationnel. A-t-il à voir avec le désir dont nous parlons ? Oui, par son caractère inattendu et son absence de maîtrise. Oui encore, si l'on ne s'en tient pas uniquement aux galipettes sous la couette, c'est-à-dire à sa seule dimension génitale. Ainsi cet homme qui impose à sa femme une relation sexuelle tous les matins, comme un service minimum – sans cela, assure-t-il, il serait de mauvaise humeur –, est-il habité de désir ? Et elle, qui s'y résigne sous prétexte que c'est un homme qui a des besoins impérieux, qu'a-t-elle fait du sien ? On voit bien que le désir dans la sexualité ne se mesure pas en terme de fréquence des rapports. Certains font l'amour deux fois par mois et sont ravis ainsi, d'autres préfèrent jouer au Scrabble ou au tennis ; si tous les deux en sont satisfaits, pourquoi pas ? Pour autant, quels que soient notre intelligence, notre niveau d'études censé nous assurer une certaine maîtrise de nos vies, dès que le désir sexuel émerge, nous sommes confronté à une dimension, en nous, qui n'obéit plus au doigt et à l'œil de notre volonté. Et c'est cette dimension non maîtrisée qui nous intéresse. Ce désir-là résiste à se laisser enfermer en cage, quand bien même nous tentons d'édicter des normes, de convoquer toutes les idées reçues pour lui tenir la bride. Les hommes ont plus de désir sexuel que les femmes ? Ce n'est pas ce qu'entendent les gynécologues dont de nombreuses patientes se plaignent que leur conjoint souffre de migraine un soir sur deux. Il a toujours existé des femmes plus demandeuses sexuellement que leur mari, mais cela ne se disait pas, le désir ayant toujours su se faufiler entre les carcans. Le désir sexuel déchaîne également tous les paradoxes. Ce macho est un imbécile ? Oui, mais j'ai quand même envie qu'il me prenne dans ses bras. Je ne devrais raisonnablement pas avoir envie de lui et pourtant… Cette non-maîtrise du désir, nous la réclamons et la repoussons dans le même temps.

Le désir n'entre pas dans les clous

Le désir se moque des normes et contredit ce que l'on pense et croit être soi. Avoir envie de coucher avec la meilleure amie de ma femme, vous n'y pensez pas ? Celui qui hurle « jamais » est le plus fragile, le plus susceptible de passer à l'acte. Le « ça », ce réservoir de pulsions, rôde toujours autour du sexuel, fracasse l'idée que l'on se fait de soi, malmène toute volonté de se policer. Nos fantasmes, nos élans viennent bousculer le jeu de quilles de nos vies bien alignées. Cela ne signifie pas que l'on va se conduire n'importe comment – bien souvent, l'envie de coucher avec le voisin s'évaporera comme elle a surgi –, mais accueillons-nous toutes ces tensions, ces désirs qui nous traversent, plutôt que de nous draper dans une dignité suspecte ? Quand il ne concerne pas la sexualité, le désir peut-être tout aussi incongru, inattendu. Pour tenter de maintenir ce désir qui nous dépasse, nous le bâillonnons dans tous les domaines de notre vie, nous nous débrouillons pour ne pas lui laisser d'interstice, quitte à en souffrir. Cette énergie qui nous organise de façon continuelle et irrégulière, que devient-elle quand elle n'a aucun champ d'expression ? Nous allons voir plus loin comment elle se retourne contre nous.

Une jouissance toujours renouvelée

Enfin, la jouissance recherchée par le désir ne se réduit pas à un simple apaisement des tensions. Certaines sont agréables – ou plus exactement « désagréablement agréables » –, telle la tension sexuelle. Elle piaffe pour trouver une satisfaction, qui restera provisoire, irrémédiablement marquée par un manque, permettant au désir de se renouveler encore et encore. Pour illustrer cette imperfection de la jouissance, ce manque, une analogie avec le langage peut nous aider. Freud pointait déjà que le langage ne dira jamais tout. Ce hiatus naît dès que nous prenons la parole : ce que je dis me dépasse, ce que l'autre entend m'échappe. Si le plaisir offre un aboutissement, il n'en va pas de même de la jouissance. Est-ce désespérant ? Pas plus que de n'avoir pas tout dit quand nous parlons. Même dans le silence, nous sommes tissé par des mots, du langage. Levons d'emblée ce malentendu : une jouissance qui ne comblerait pas totalement serait synonyme de frustration éternelle. Acceptons à l'inverse l'idée, peut-être inconfortable à première vue, mais terriblement vivante, que rien jamais ne nous remplira définitivement, que le désir aura toujours besoin de se renouveler jusqu'à notre dernier souffle.

2
Ce désir qui nous effraie

Un insecte meurt de l'embrasement qu'il a cherché ; les hommes et les femmes aussi. Mais peu importe la mort : rien ne vaut cet embrasement ; ceux qui ne meurent pas du feu meurent essoufflés de l'avoir fui.

Yannick HAENEL, *Je cherche l'Italie*[1]

Nous pensons que nous avons tous envie – évidemment ! – d'écouter et de vivre nos désirs, mais nos peurs de les suivre sont souvent plus importantes que cette envie, en témoigne l'ambivalence constitutive de nos mouvements psychiques inconscients. Nous sommes sans cesse tiraillé entre notre instinct de conservation – qui favorise l'immobilisme, « on sait ce qu'on perd, on ne sait pas ce qu'on trouve » – et la pulsion de vie qui nous pousse dans le sens de notre désir. Bien souvent nous préférons faire profil bas par crainte de nous démarquer, de faire entendre notre différence au risque de décevoir et de ne plus être aimé. La crainte, voire

1. Gallimard, 2015.

la menace, d'avoir à bouleverser trop de choses dans notre vie nous intime de la mettre en veilleuse. Si nous écoutons notre désir, où va-t-il nous conduire ? À tout ficher en l'air, à faire n'importe quoi ? Pour saisir ce qui nous agite, servons-nous de la distinction faite par Freud entre le ça, le moi et le surmoi, les trois instances qui régissent notre inconscient. Le ça est la pulsion de vie, une énergie puissante souvent présentée comme une force archaïque et menaçante, incontrôlable, voire dangereuse. Le surmoi est la voix de la Loi, il intervient pour servir de garde-fou, modérer l'impatience du ça, qui n'a que faire de la morale et se moque du principe de réalité. Quant au moi, selon Freud, il est le conciliateur, au carrefour de ces deux énergies. Il est souple et s'adapte – quand tout va bien – aux exigences de la situation, se faisant le porte-parole d'un désir légitime et assumé, ou la voix raisonnable d'ardeurs à pondérer. Je peux avoir envie de larguer un travail qui soudain m'insupporte – élan du ça – et être retenu par l'injonction du surmoi : « On ne fait pas ce qu'on veut dans la vie. » Le moi, s'il n'est pas « commandé » par une seule de ces instances, fera la part des choses, me permettant de décider de quitter effectivement un emploi qui me nuit plus qu'il ne me profite, en décidant du bon moment et des modalités qui ne me mettront pas en situation de précarité. Je fais ce qui me semble essentiel, mais pas de n'importe quelle manière.

Nous passons notre vie à réajuster sans cesse ces instances, en essayant que l'une ne prenne pas totalement le pas sur l'autre. Ainsi, quand le surmoi domine trop – ce qui est souvent le cas –, quand il écrase toute velléité du ça, nos désirs sont empêchés et notre énergie vitale bridée, nous faisant courir le risque d'un tonitruant retour du refoulé. Le ça, trop longtemps contenu, s'emballe alors comme un cheval fou, on le voit à l'œuvre dans les attitudes trop puritaines pour être honnêtes. Un exemple ? Je revendique une fidélité sans faille, quitte à m'interdire de poser les yeux sur quiconque n'est pas mon « légitime » ; si un jour il y a tentation ou écart, ce sera catastrophique. Je ne serai pas en capacité de prendre la mesure de mon réel désir d'y aller ou pas. Et je payerai cette entorse à mes principes d'un prix démesuré – en y sacrifiant mon couple par exemple –, alors que l'incartade n'en valait pas tant... Ce n'est pourtant qu'en approchant de notre désir que nous pourrons négocier avec sa fougue, tout en sachant que c'est souvent la peur imaginaire qui nous retient, bien plus que ce qui se passerait réellement si nous l'accueillions avec moins de méfiance. S'autoriser ainsi à regarder ailleurs, ne pas avoir peur d'être charmé hors du cadre balisé de son couple, c'est être capable aussi de re-choisir sans cesse notre vie et notre compagnon de route. Pour ne pas craindre les herbes plus vertes ailleurs, il faut parfois s'y confronter, afin de décider – sans frustration – de ne pas quitter son pré, qui, décidément, nous plaît.

La peur d'être débordé

Le désir vise une jouissance qui en appelle à d'autres jouissances, notre ça en redemandant toujours, à peine rassasié. Un appétit d'ogre qui, sans que nous en ayons conscience, nous effraie. Nous pensons que, si nous mettons le doigt dans le pot de confiture, nous allons avoir envie de le finir, que nous en serons malade, et que se passera-t-il quand il n'y en aura plus ? C'est le fameux « si je commence je ne peux plus m'arrêter » que nous connaissons tous quand nous mettons la main dans un bol de cacahuètes d'apéritif. Avec l'idée sous-jacente, et très pétrie de morale religieuse, que ce plaisir, nous allons forcément le payer… Alors autant ne pas commencer par peur de manquer, de le regretter ou d'avoir encore d'autres envies, d'être encore plus en vie ? Si je prends enfin les cours de chant dont je rêve depuis longtemps, ne vais-je pas délaisser ce qui jusqu'ici était mon quotidien ? Ne vais-je pas me prendre pour la Callas et négliger mes proches pour ne penser qu'à ma passion ? Ou bien souffrir de ne pouvoir la vivre à la hauteur de mes ambitions ? Alors, autant ne pas bouger.

La peur d'interroger sa vie

La crainte d'avoir à remettre en question nos modes de vie nous pousse encore à ne pas interroger nos désirs. Effectivement, se demander ce qui nous plaît vraiment, ce qui nous fait exister, ouvre un gouffre vertigineux, qui peut sembler effrayant : suis-je bien dans la vie que je mène ? Est-ce que ce que je fais m'intéresse réellement ? Le partenaire avec lequel j'ai choisi de vivre freine-t-il mes désirs ou me soutient-il pour les concrétiser ? Si nous répondons sincèrement à ces interrogations, nous allons bouleverser nos certitudes, peut-être d'ailleurs y répondrons-nous favorablement : oui, je suis bien là où je suis, non, je n'ai pas envie de changer de vie : mon travail ne me satisfait pas à cent pour cent, mais il me permet de vivre par ailleurs d'autres passions. Sauf que la plupart du temps nous préférons fuir ces questionnements, nous étourdir en courant d'une activité à l'autre et bâillonner d'éventuels élans pour être en paix. Une paix illusoire, bâtie sur du vent, mais une tranquillité tout de même, dont la bonne tenue consomme l'essentiel de notre énergie.

La peur de la tension

Pourtant, nous n'en ferons pas l'économie, il va falloir accepter d'être en tension pour écouter et suivre notre désir. D'une tension qui n'est pas toujours agréable et suscite un certain inconfort que l'on cerne bien dans la sexualité, à ce moment précis d'avant la jouissance, où l'impatience soudaine de « décoller » peut se charger d'une certaine agressivité. Cette peur d'être débordé est certainement l'une de celles qui nous retiennent le plus sur le chemin de notre désir, un débordement qui dérangera notre train-train, pesant peut-être, mais qui nous semble préférable. Prenons cet appel à l'amour qui remplit les cabinets des psys, un amour qui comblerait nos vies et lui donnerait un sens. Mais une fois qu'il est là, la plainte continue : c'est malin, maintenant, j'attends son coup de fil fébrilement, je passe deux heures devant ma penderie à me demander ce que je vais me mettre ! Finalement, j'étais plus tranquille avant ! Oui, le désir nous bousculera toujours : à certains moments, nous nous sentirons dilatés de vie, légers et puissants, à d'autres, nous douterons ou boirons la tasse. Il nous faut accepter ces montées et ces descentes, ces moments d'euphorie et d'abattement. Dans *Fragments d'un discours amoureux,* Roland Barthes parle merveilleusement de ces tourments de l'amour, combien ce sentiment est exaltant mais inconfortable, il évoque les arythmies du cœur, mais aussi les enchantements. Si le désir dont nous parlons déborde du seul champ de l'amour, il est tout aussi puissant et exigeant : il nous faut accepter d'être déstabilisé, chamboulé pour le meilleur qui ne nous évitera jamais le pire. En refusant ce mouvement, en faisant tout pour apaiser les tensions, il n'y aura plus de désagrément – croit-on! –, mais pas de jouissance non plus, et surtout de moins en moins de vie...

Peindre ou faire l'amour?

Nous avons mille et une ruses pour esquiver notre désir, tel le recours à la sublimation. Celle-ci consiste à trouver un dérivatif à la pulsion de vie qui nous agite, à travers des activités artistiques, créatives ou intellectuelles, voie royale pour mettre le désir en sourdine, ou tout du moins lui donner une forme convenable, admise par tous. Nous avons une idée sublime de la sublimation mais, pour louable qu'elle soit, il n'en reste pas moins qu'elle est un refoulement, et la démonstration que nous consacrons beaucoup d'efforts à calmer nos ardeurs. Nous cherchons et empruntons un chemin qui ne fera pas tache dans le paysage, nous apportera l'estime de nos contemporains, sans considérer qu'il nous détourne aussi d'une jouissance que nous ressentons comme transgressive, même si nous ne cesserons de le rappeler, elle ne concerne pas que la sexualité. Faire ce que l'on veut et comme on le sent relève d'une certaine audace, et réclame souvent d'outrepasser un sentiment d'impudeur, même si l'on se tient très bien!

La peur de se singulariser

Nous aimerions nous distinguer? Rien de moins sûr encore. La méfiance que nous avons de notre désir nous conduit souvent à nous réfugier dans des désirs convenus, dans le cocon d'un « nous » qui nous assure d'avoir les mêmes envies que les autres. Observez les dîners entre amis, où nous ne cessons de chercher le consensus, un entre-soi rassurant, notamment quand nous nous retrouvons entre gens de même métier, que nous soyons psychanalyste, journaliste ou notaire ! Quant aux discours qui généralisent à tout va, ils racontent peu ou prou notre volonté de ne pas nous séparer des autres, au prix d'un renoncement à l'intelligence et à la nuance, pour sombrer dans le magma des idées reçues. Les clichés ont cette utilité : nous conforter sur notre lot commun et nous soulager de notre propre responsabilité, nous allons y revenir longuement dans le chapitre sur le désir au féminin et au masculin. Se persuader que nous nous comportons de telle façon parce que l'on est français, ou adolescent, ou né à telle époque, nous évite des questionnements plus personnels et plus impliquants. Ces assertions nous protègent de toute exposition et nous épargnent l'inconfort d'affirmer sans agressivité : eh bien, moi, je le sens différemment de vous, position dérangeante car nous craignons que cette différence soit prise pour une position de rupture. Ce qui peut être le cas effectivement… Affirmer dans une réunion de féministes que décidément, non, les hommes ne sont pas tous des machos, que vous en connaissez un grand nombre qui sont fins et respectueux des femmes, demande un certain cran. Pour sa part, la cinéaste Chantal Akerman a toujours refusé de se laisser récupérer par le mouvement. Son film *Jeanne Dielman, 23 rue du Commerce, 1080, Bruxelles* est sorti en 1975, en plein cœur de la réflexion féministe. Il raconte la vie d'une femme, jouée à l'écran par Delphine Seyrig, qui s'organise autour de gestes domestiques répétitifs, monotones…

durant trois heures vingt. Même son métier de prostituée – que la ménagère résignée exerce pour arrondir ses fins de mois –, elle le fait de manière désincarnée, routinière. Les féministes ont aussitôt applaudi, y ayant vu une belle dénonciation de l'aliénation de la femme. Mais la cinéaste a toujours affirmé qu'elle n'avait pas voulu faire un film militant, elle avait voulu filmer Jeanne Dielman. En ne cédant pas aux sirènes qui lui demandaient de rejoindre leur camp, elle se privait d'un soutien sans faille. À tout juste vingt-cinq ans, voilà qui est courageux. Assumer son désir expose à une forme de solitude : allons-nous le supporter ?

Avoir l'audace de son désir

Le « de quoi j'ai l'air » sera toujours à dépasser dans la poursuite de notre désir. Ce qui n'empêchera pas des peurs qui, si elles sont bravées, se transformeront en puissance incroyable.

Dans l'amour, dire notre émotion et notre désir nous expose à nous faire peut-être rembarrer par un homme ou une femme qui ne partage pas nos sentiments. Ainsi, Julie a osé déclarer sa flamme à un collègue de bureau, qui l'a gentiment remise à sa place en lui disant qu'il était marié et nullement tenté par une aventure extraconjugale. Passé le choc de l'annonce – et la vexation –, elle était heureuse au final d'avoir dépassé son angoisse, et une forme d'orgueil. Elle s'est désencombrée d'une attente, a dégonflé le fantasme stérile d'une éventuelle relation, s'est trouvée allégée et valorisée de cet élan assumé, ce qui lui permet de passer à autre chose, et notamment de s'ouvrir à d'autres amours, partagées cette fois. Laisser parler notre désir dans la relation amoureuse nous met à nu, nous n'en ferons jamais l'économie.

D'ailleurs, n'importe quel désir nous expose, le choix d'un plat au restaurant, d'un pot au bistrot, en dit beaucoup sur nous, mine de rien. Cet homme qui me fait vibrer, va-t-il prendre une tisane ou un mojito ? Vais-je assumer devant lui mon envie, ce soir, d'un whisky ou d'un chocolat ?

Se défaire du grand Autre

Pour conquérir notre désir, il va falloir nous défaire du grand Autre tel que l'a défini Jacques Lacan. Cette instance incarne une autorité imaginaire, une forme de surmoi, un ordre du monde qui définit les notions de bien et de mal. C'est elle qui nous susurre : « Tu ne devrais pas, ce n'est pas raisonnable », sans que nous sachions vraiment qui parle à notre oreille : le Parent ? Dieu ? Un Idéal ? Ces interdits sont souvent confus, à peine reconnus, mais nous n'osons les transgresser. Pourtant, nous allons devoir passer outre ces sentences, ces demandes, ces jugements, et d'abord les reconnaître et les démêler. Nous allons devoir composer également avec les paradoxes de nos envies, qui nous amènent dans un même temps à rechercher l'aventure et la stabilité, à caresser le rêve d'être artiste et à se garantir la sécurité d'un poste de fonctionnaire. L'inconscient s'accommode fort bien des contradictions, contrairement à notre conscience qui, elle, doit décider si c'est blanc ou noir, et vit souvent mal la possibilité d'une troisième voie. C'est la raison pour laquelle Jacques Lacan soulignait qu'une analyse permettait d'apprendre à compter jusqu'à trois. Lorsque nous sommes libéré de notre névrose, nous sortons de la logique binaire du bien et du mal, du maintenant ou jamais. Dans cette dualité, nombre de jeunes personnes redoutent de s'engager dans une relation amoureuse – un engagement qui signerait la fin des plaisirs et l'entrée dans l'âge adulte, forcément ardu. La troisième voie, entre fourmi et cigale, étant celle d'une relation vécue pleinement, et joyeusement, sans privation obligée – qu'un Grand Autre réclamerait. L'engagement en ce cas n'a rien de frustrant, être adulte ne signifiant pas forcément devenir morose.

La peur d'assumer nos choix

Pourquoi nous en remettons-nous à cette instance imaginaire qui nous dicte sa loi ? Pourquoi nous interdisons-nous de dépasser ces modèles de vie restrictifs ? Parce que ces normes supposées nous prennent par la main, nous dictent nos choix et nous soulagent d'avoir à en assumer la responsabilité. Même si nous clamons à qui veut l'entendre que nous rêvons d'être libres, rien ne nous sécurise plus que d'obéir, comme lorsque nous étions petits et que nos parents nous protégeaient. Malheureusement, quand cette autorité imaginaire est trop puissante, elle empêche d'être à l'écoute de nos désirs, de les reconnaître. Elle nous fait guetter sans cesse l'approbation dans le regard des autres, répondre à des attentes qui ne sont pas les nôtres pour ne pas être rejeté, ou peut-être chercher à être aimé, comme lorsque nous rapportions un bon bulletin à la maison. C'est la voie royale d'une vie placée sous le règne du renoncement : on fera des études que nous imposera la famille ou le milieu social, on n'osera jamais contredire son patron, son mari, ses amis, nous éloignant chaque jour davantage de notre désir, lequel réclame de s'affranchir de cet œil imaginaire vécu comme aimant, menaçant ou indifférent. Et nous devons fournir une énergie folle pour nous comporter comme nous imaginons qu'il faut le faire afin de contenter notre entourage.

La peur de l'échec

Suivre ses désirs, c'est prendre aussi le risque de s'exposer à l'échec. Beaucoup préfèrent suivre une route tracée et désignée par d'autres plutôt que d'inventer la leur et s'aventurer vers la nouveauté. Pourquoi cette frilosité ? Parce que nous associons volontiers le risque et l'échec, comme si rester pétrifié nous empêchait de nous tromper… Comme si nos erreurs n'avaient rien à nous apprendre sur notre désir, elles qui nous aident à le révéler et à le préciser en cours de route. Car nous en avons tous fait l'expérience : nous avons eu des amours malheureuses, des études interrompues parce qu'elles ne nous correspondaient pas. Ces ratés ne nous ont-ils pas permis d'affiner nos choix suivants ? Même si nous ne pourrons faire l'économie des tâtonnements et des incertitudes, nous préférons nous rassurer avec des « c'est comme ça et pas autrement », que nous assenons volontiers à notre progéniture. Pour éviter ces errances salutaires, nous choisissons de nous en remettre à d'autres, qui eux sont supposés savoir ce qui est bon pour nous. Nous passons notre vie à céder les clés de notre royaume ! Nous en appelons à des méthodes, des définitions de soi, du couple, de la vie, tout est prétexte à fuir notre désir – qui lui sait ce qui nous va – et cette profonde solitude qui est la nôtre, lot de tous les humains.

Montre-moi le chemin

La folie du coaching vient répondre à ces peurs imaginaires dans tous les domaines, même celui de l'amour, a priori le plus aventureux. Si certains coachs – les plus sérieux – se gardent de donner des réponses, préférant inviter au questionnement, d'autres se comportent en gourous qui montrent le chemin, assignent un désir clés en main et la façon de le réaliser, promesse de bonheur à condition de suivre leurs consignes. Pour parvenir à ce graal, les candidats passent une série de tests destinés à cerner leur « moi », une quête illusoire, nous le détaillerons dans le chapitre suivant. Rappelons-nous que le coach a d'abord été un terme réservé à l'entraînement sportif, aurions-nous désormais besoin d'un entraînement intensif à la vie ? Méfions-nous toujours de ceux qui prétendent nous apprendre à vivre, persuadés d'avoir La Solution, qu'ils en aient fait leur métier comme certains thérapeutes, ou qu'il s'agisse de personnes de notre entourage qui sauraient mieux que nous qui nous sommes et ce qu'il nous faut. En général, elles cherchent surtout à valider leur propre choix : peu assurées au fond d'avoir fait le bon, elles veulent l'imposer aux autres. Il est toujours intéressant de distinguer les positions assumées, qui n'apportent jamais toutes les réponses, des positions indiscutables, qui souvent sont défensives. « Voilà ce qui est bon pour moi » ne veut pas dire « voilà ce qui vaut pour tous, et vous êtes idiots si vous ne vous y pliez pas »… Personne n'a jamais la garantie d'une seule et unique façon d'être heureux, tout simplement parce que nous n'avons pas tous les mêmes désirs ni la même idée du bonheur. Devrait nous animer sans cesse la question de ce qui nous rend vivant, désirant. Aucune équation, aucune formule générale ne viendront y répondre... Peut-on ajouter : heureusement ?

La peur de réussir

Eh oui, décidément, nous sommes bien compliqués, car la peur de l'échec se double d'une peur bien plus pernicieuse, et peut-être plus fréquente : celle de réussir, crainte nettement plus difficile à débusquer ! En restant en deçà de notre désir, nous nous préservons certes d'un échec, mais aussi d'une réussite que nous ne maîtriserions pas et qui nous conduirait on ne sait où. Car à vivre mon désir, je vais me révéler différent de ce que je pensais être jusque-là, et faire autrement que je l'avais imaginé. Tant que je me contente de rêver, je suis à l'abri de la surprise et de la déception, je tiens les rênes de mon fantasme et de son scénario. Sabine en est l'illustration : elle rêve de décrocher un poste de directrice de la communication dans un grand groupe, un rêve puissant qu'elle retient aussitôt à coup d'obstacles « raisonnables » et apparemment réfléchis : elle rentrerait trop tard le soir, elle serait obligée de voyager – elle adore ça, au passage –, elle gagnerait plus que son mari, elle n'est pas sûre qu'il le supporterait... Mais, tapie dans l'ombre, la grande peur qui la domine est celle de mourir à son rêve et à l'idée qu'elle se fait d'elle-même, la super working girl qui casserait la baraque : dans l'action, avec ses aléas, va-t-elle être à la hauteur de son fantasme ? Le risque de se décevoir, en tout cas de se surprendre, sera toujours à surmonter pour passer à l'action, mais la crainte d'une blessure narcissique chez Sabine est si forte qu'elle préfère renoncer à l'avance et continuer à caresser l'image de la formidable directrice de la communication qu'elle aurait été. Le cas de ce jeune homme qui se projette en futur entrepreneur montre également comme on est capable de se tirer soi-même une balle dans le pied pour ne pas mourir à son rêve. Pour subvenir à ses besoins, il a un travail alimentaire. Sa boîte, contente de ses services, lui propose un CDI qui lui permettrait de travailler tranquillement à son projet, encore très vague. Pourtant, le jour où il doit ratifier son contrat, il se met en arrêt maladie, se sentant coincé par cet engagement, oubliant, que s'il signe, rien ne l'empêchera de s'en aller le jour où il aura les fonds nécessaires pour lancer sa petite entreprise. Pour ne pas mourir à son rêve d'entrepreneur – dont la réalisation serait forcément différente, sans être pour autant décevante –, le voilà de nouveau sur le marché de l'emploi, empêché de mener son projet, parce que obligé de chercher de quoi assurer son quotidien!

La peur de l'inconnu

Voilà encore une crainte qui nous freine. Nombreux sont ceux qui restent dans des situations intenables, sous des prétextes fallacieux: «on sait ce qu'on quitte, on ne sait pas ce qu'on trouve!», déjà évoqué, ou: «il ne faut pas jeter le pain rassis avant d'avoir trouvé la brioche», autant de maximes qui nous intiment de ne pas bouger de notre place, certes peu agréable, mais que nous connaissons bien. Celui qui s'expose à vouloir changer pour avoir plus ou mieux, sans être sûr de l'obtenir, s'expose presque toujours à des levées de boucliers. Nous sommes encouragé à nous contenter de ce que nous avons, même au prix d'une grande souffrance, nous rassurant nous-même: «Oh, il y a plus malheureux que moi!» Mais en quoi le malheur des autres devrait-il être une consolation ? En quoi nous soulage-t-il ? Dans son deuxième livre, *Histoire de la violence*[1], le romancier Édouard Louis donne la parole à sa sœur qui ne cesse de répéter en boucle : « Au fond, je n'ai pas à me plaindre », esquivant par là les nombreux motifs qu'elle aurait à quitter cette vie sans joie, ce milieu fruste et violent qu'il a lui-même fui. La personne en proie à la peur de l'inconnu se barde d'arguments raisonnables : quitter mon travail ? Mais enfin, c'est la crise ! Laisser mon mari, ma femme ? Mais j'ai cinquante ans, je ne suis pas sûr de retrouver quelqu'un ! Les audacieux qui osent sauter le pas agacent et sont attendus au tournant par ceux qui ne s'y risquent pas. On guette leurs échecs, on espère secrètement qu'ils ne vont pas s'en sortir à bon compte, donnant raison aux frileux qui se cantonnent dans leur pré carré, et soupirent : qu'est-ce qu'il croit, que la vie est facile ?

Cette petite phrase en dit long sur la façon dont nous légitimons renoncements et frustrations. Il y aurait une loi fantasmatique qui organiserait le monde, et sur laquelle nous n'aurions aucun poids. Dans cette logique, ceux qui ne lui obéissent pas vont forcément le payer cher. Prenons l'argument de la crise : même s'il ne s'agit pas de nier les réalités économiques – nous allons y revenir dans le désir confisqué –, force est de constater que ceux qui la brandissent ne sont pas toujours ceux qui prennent cette crise de plein fouet. Que risque ce jeune cadre, surdiplômé, s'il quitte l'entreprise qui le malmène ? Cette peur facilite surtout la tâche des employeurs qui gardent ainsi des salariés dociles, effrayés à l'idée de perdre leur emploi, prêts à toutes les bassesses et les sacrifices pour le conserver… L'individu qui se positionne

1. Seuil, 2016.

comme sujet désirant, qui s'autorise à choisir, est beaucoup moins malléable.

C'était mieux avant !

La peur de l'inconnu se niche encore dans cette nostalgie de la tradition, nous en avons de nombreux exemples autour de nous. Ah ! ce bon vieux temps où les enfants n'avaient pas le droit de parler à table, où les femmes s'occupaient de leurs hommes sans discuter, sans interroger leur propre désir ! Que cachent ces discours rétrogrades ? La volonté de conserver un monde qui marche d'une certaine façon, avec des traditions et des voies tracées qui évitent d'avoir à se questionner. Tous les débats qui ont agité récemment notre société en témoignent : ainsi le mariage pour tous a fait descendre dans la rue des milliers de personnes qui y étaient opposées. De quoi ont-elles peur ? D'une autre organisation familiale que celle qui a régi leur monde jusqu'ici ? Qui remettrait peut-être en cause la validité de leurs choix et leurs préférences ? Si d'autres façons de vivre l'amour, le couple, la famille, sont possibles, la mienne est-elle la bonne, me va-t-elle ? Des questions que l'on redoute quand, au fond, on n'est pas si sûr de ses choix. La meilleure façon de se rassurer est de prétendre qu'il n'y a pas d'alternatives possibles, que le monde a toujours tourné ainsi – ce qui est faux. Ces prises de position rejoignent la question de notre désir : irons-nous de l'avant, avec toutes les incertitudes et les surprises que la vie ne manquera pas de nous réserver, avec tous ses possibles, ou resterons-nous cantonnés sur un repli frileux, drapés dans le regret d'un passé – fantasmé – qui nous permet surtout de ne rien changer ?

3
Le désir ou la vaine quête d'identité

Je suis un sujet incertain, dans lequel chaque attribut est en quelque sorte combattu par son contraire.

Roland BARTHES

Notre besoin de réassurance vient se nicher dans cette quête incessante d'une identité ferme. Et les cabinets des psys bruissent de ce questionnement : je suis venu pour savoir qui je suis, sous-entendu : une fois que je le saurai, je saurai ce que je désire. Pourtant, « comment vais-je ? », « comment y vais-je ? » sont des questions nettement plus intéressantes. Comment y aller – souvent sans bien savoir où –, porté par un désir qui ne sera jamais totalement élucidé et définitivement acquis ? Malheureusement, nous n'avons de cesse de chercher une définition immuable de nous-même, qui nous assurerait un but et une façon de fonctionner. Les tests d'embauche, destinés à cerner ce fameux noyau dur de notre personnalité, en offrent un bon exemple. La plupart demandent au candidat de citer trois défauts et trois qualités. Mais qui peut répondre à ce genre de questions ? Je suis intrépide, mais pas tout le temps, curieuse, oui, mais ça dépend des jours et du sujet, d'autant que nos qualités se révèlent souvent être aussi des défauts : l'ordonné cache des velléités frisant la maniaquerie, le passionné est souvent excessif, voire emporté… D'ailleurs, le futur salarié sait en général ce que l'on attend de lui, selon le profil du poste : c'est incroyable le nombre de candidats qui pratiquent un sport d'équipe, aiment la lecture ou l'escalade !

Être ou avoir

Le discours ambiant valorise l'être par rapport à l'avoir, qui ne serait que cupidité face à la profondeur de l'humain. La psychanalyse a revisité ces deux notions, notamment Jacques Lacan, pour qui le travail analytique doit permettre de passer de l'être à l'avoir. Non dans un sens de possession, mais de quête de l'objet d'un désir que nous chercherons sans cesse à saisir. N'est-il pas plus intéressant et stimulant d'aller vers, porté par notre désir, plutôt que d'être campé dans la position du « je sais qui je suis » ? Qui peut se vanter d'un tel savoir sur lui-même ? La prétendue « vérité » de l'être, qu'implique toute définition, est une fermeture à d'autres possibles. Suis-je lâche ou généreux ? Tout dépend des jours et des circonstances. Est-ce que je peux affirmer que j'aurais été résistant pendant la Deuxième Guerre mondiale ? Je n'en suis pas certain. Benjamin Biolay, lorsqu'il a repris des chansons de Charles Trenet accusé injustement d'avoir été un collaborateur, a beaucoup lu sur les années sombres de l'Occupation. Il l'a reconnu humblement, il n'est pas sûr qu'il aurait été en première ligne pendant cette période troublée. Il a des enfants, aurait-il pris le risque de les mettre en danger en cachant des résistants dans sa cave? Il n'était pas sûr non plus qu'il aurait eu le cran de ce jeune homme, Lassana Bathily, qui a caché plusieurs personnes lors de l'attaque de l'hypermarché cacher. Mais l'inverse est tout aussi vrai, on peut parfois s'étonner en faisant preuve d'une bravoure inédite, alors que rien ne le laissait supposer, ainsi que le met en scène le film *Monsieur Batignole*, réalisé et incarné à l'écran par Gérard Jugnot. Au début de la guerre, ce commerçant plutôt borné voit dans l'occupation allemande l'occasion de faire de bonnes affaires grâce au marché noir. Sa conscience ne semble pas le troubler vraiment, jusqu'au jour où il découvre un enfant juif caché dans son grenier. De cette rencontre naît son engagement et il aidera de nombreux enfants à passer en Suisse, pour les mettre à l'abri. Être vivant, c'est être en mouvement, sauf qu'une aspiration humaine est de toujours vouloir s'arrêter quelque part, de trouver sa place, effrayé que nous sommes par notre mobilité, sans cesse tiraillé entre un instinct de conservation, qui nous susurre de rester frileusement où nous sommes, et la pulsion de vie qui nous pousse dans le sens de notre désir, nous l'évoquions plus haut.

Loin des étiquettes

Pour avancer allègrement dans la vie, il faut sans cesse mourir à une idée de soi, ce qui n'est pas simple. L'éducation a joué son rôle et les propos entendus dans l'enfance ont pu s'inscrire comme des traits incontestables de notre personnalité. Oh, lui, il est égoïste, elle, c'est une bonne pâte, autant d'assignations à résidence qui sont monnaie courante dans les familles. Toutefois, nous ne sommes pas condamnés à obéir à ces assertions : nombreux sont ceux à qui on a affirmé qu'ils ne feraient jamais rien de leurs dix doigts et qui sont devenus des professionnels hors pair, ne serait-ce que pour faire mentir la prophétie ! L'acteur Pierre Richard, délaissé par son père qui n'avait aucune estime pour ce fils maladroit, a fait de ce défaut l'ingrédient même de ses succès en tant qu'acteur. Les étiquettes positives nous enferment aussi, peut-être est-il encore plus difficile de s'en défaire tant le compliment, même s'il nous fige dans une case, nous tend un miroir flatteur auquel il est difficile de résister. L'adulte a qui l'on a seriné toute son enfance : « Oh, toi, tu sauras toujours te débrouiller dans la vie », comment va-t-il réagir devant une difficulté ? Est-ce qu'il trouvera dans cette vision de lui la force de la surmonter, ou se sentira-t-il cruellement en échec et coupable s'il n'y parvient pas ? Les compliments ne devraient concerner qu'un instant *t*. Observez la différence qu'il y a entre dire à un enfant : « tu es sage » et « tu as été sage cet après-midi » : dans ce cas, on l'autorise à ne pas l'être le lendemain, et à bousculer la belle image que ses parents se feraient de lui.

Je ne suis pas comme ça !

Nous souffrons d'être en butte à des définitions de nous qui ne nous correspondent pas, en tout cas pas toujours, tout en cherchant sans cesse à nous définir, et à définir les autres. Catherine Deneuve ne veut pas qu'on fasse d'elle un monument national, la grande dame inaccessible du cinéma. Elle refuse de se laisser enfermer dans cette image qui ne lui convient pas. Sa fille Chiara a témoigné de ce décalage entre fantasme et réalité lorsqu'elle a fait la promotion du film *Trois cœurs* de Benoît Jacquot, dans lequel elle jouait la fille de sa mère. En riant, elle a reconnu que, si elle ne la connaissait pas, elle aurait fait un infarctus en apprenant qu'elle allait jouer avec la grande Catherine ! Seulement voilà, elle connaît sa mère loin des lumières, avec ses qualités et ses défauts, une femme, tout simplement.

Les dérives d'une identité immuable

Nous n'avons plus que le mot identité à la bouche, ayant même créé un ministère qui intègre la notion d'identité nationale, aux interprétations et détournements aussi dangereux pourtant que celle de « race ». Le romancier Henning Mankell cite dans un portrait de lui [1] une réflexion pleine de sagesse de l'auteur mozambicain Mia Couto : « Chaque personne est une race ! » Si nous partons de ce constat, alors, on ne peut pas être raciste, car il est impossible de mépriser des milliards d'individus, constate l'auteur de romans policiers. Naturellement, nous avons tous des traits identitaires, que ce soit une religion, une origine régionale, sociale, mais elles ne font jamais une identité immuable. Nous sommes nés catholiques, en France, et même si nous n'allons pas à la messe chaque dimanche, cette situation raconte quelque chose de nous, nous n'en ferons pas l'épargne. Mais plutôt que de prendre ces divers héritages comme des éléments à valoriser de manière souple et libre, certains les enferment dans une sorte de portrait-robot, où nous serions censés nous reconnaître. Ainsi, beaucoup pensent aujourd'hui que leur religion

1. Kristen Jacobsen, *Mankell (par) Mankell*, Seuil, 2013.

validerait et assoirait leur identité, qu'ils soient catholiques intégristes, islamistes ou juifs orthodoxes. Selon eux, leur religion serait garante d'un certain nombre de valeurs indiscutables, négligeant la question de l'interprétation infinie des textes, l'aptitude à vivre sa foi sans revendiquer pour autant une définition de soi. Ne s'assumant pas comme sujets, au style à chacun singulier et avec lequel il s'agira d'improviser sans cesse, ils vont se fondre dans un imaginaire qui leur propose une identité toute faite. Pourtant, il n'y a pas une seule façon de croire, mais cette diversité dérange et pousse certains à se crisper sur la notion de bonne croyance, fustigeant ceux qui dérogent à la définition qu'ils se font du bon catholique, du bon juif, du bon musulman, les autres étant vus comme des imposteurs ou des impies. On peut malheureusement mettre cette intolérance en parallèle avec le culte de la race aryenne, une apologie aux conséquences dont il faut continuer à se méfier, aujourd'hui plus que jamais.

Le repli sur soi

Le repli identitaire porte bien son nom : il s'agit toujours d'une fermeture aux autres, un rejet de la différence vécue comme menaçante. En France, de nombreuses communautés – qui se revendiquent comme telles – se sont mises à se regarder en chiens de faïence. D'un côté, le Front national séduit des personnes désemparées qui craignent de perdre leur identité française au contact de la communauté musulmane, de l'autre, la communauté musulmane rejette un pays dans lequel elle ne se sent pas admise. Les femmes qui portent le voile aujourd'hui ne le font pas forcément pour des raisons religieuses, elles vivent souvent dans des familles qui ne l'exigent pas, voire réprouvent leur ostentation. Mais elles tentent d'affirmer ainsi leur différence sur le mode de la provocation, à l'instar des adolescents. Nous voilà bien loin du sujet libre et mature… Interviewé après les tueries de *Charlie Hebdo*, l'ethnopsychiatre Tobie Nathan souligne que nous ne sortirons de cette impasse que si nous acceptons l'autre dans la richesse de sa différence, y compris dans son propre groupe, plutôt que d'essayer de l'assimiler, ce qui revient à chercher à gommer ce qui le distingue. Plus nous sommes dans une identité revendiquée dans sa vérité et son unicité, plus la différence est ressentie comme une menace et moins nous pouvons nous parler, tout le monde tirant la corde de son côté, alors que nous gagnerions à bouger et évoluer ensemble, à discuter, à nous frotter et nous réajuster sans cesse.

La bonne place

Un autre fantasme qui nous éloigne de notre désir ? Celui de l'existence d'une place à laquelle chacun de nous aurait droit et qu'il devrait occuper. « Je ne trouve pas ma place », soupirent certains, lorgnant avec envie sur ceux qui semblent être à la leur – ceux-là ont l'air heureux, ils savent comment mener leur vie – même si cette plainte est sous-tendue par l'idée un peu orgueilleuse de ne pas être comme les autres ! « Le névrosé pense que tout le monde est normal, sauf lui », soulignait le psychiatre et psychanalyste Lucien Israël. S'il n'existe aucune « bonne » place, puisqu'elle bouge sans cesse, nous ne cessons pourtant de nous situer les uns les autres : « Alors, t'en es où ? » Certains ont le chic de vous demander : « Alors, quoi de neuf ? » Euh, alors là, tout de suite, je ne sais pas… Soudain pris de panique, nous faisons le tour des nouveautés éventuelles dans notre vie, rien ne vient! Au lieu de passer notre chemin, la plupart du temps nous nous creusons les méninges pour donner du grain à moudre à notre interlocuteur, qui veut du nouveau pour se distraire.

Une question de style

Bien sûr, nous avons intimement l'impression d'agir selon certaines façons récurrentes, nous nous reconnaissons un tempérament et des caractéristiques spécifiques, mais Jacques Lacan préférait dire: «l'homme, c'est le style», empruntant la formule à Buffon.

Le style esquive la notion de fondations, de bases sur lesquelles nous nous construirions, sans possibilité de changement, de déplacement. Il offre la diversité, le mouvement. Notre style évolue et se peaufine au fil de la vie, même si en filigrane se reconnaît une mélodie personnelle, comme le thème musical d'un film. Personne n'est lisible à cent pour cent et notre entourage a rarement la même vision de nous – collègue de travail, épouse, amant, voisins, amis. Chacun détient un pan de notre personnalité, sans englober l'ensemble. D'un certain point de vue, tout est vrai, rien ne l'est totalement.

Oui, nous avons des différences qui nous caractérisent, que notre style va agencer de façon singulière et mystérieuse, comme on le constate en littérature ou dans la mode. On peut disposer de la panoplie de la Parisienne chic, et ne pas être chic du tout! Le style se niche dans une façon personnelle, souvent involontaire, de s'approprier un vêtement, de le porter. La chanteuse Juliette Greco, qui a influencé tant de jeunes femmes de sa génération, ne sait toujours pas par quelle magie ce phénomène a opéré. Sa frange et ses cheveux longs étaient surtout dus au fait qu'elle n'avait pas les moyens de payer le coiffeur. Quant à sa façon de relever ses manches de veste ou de rouler ses bas de pantalons sur ses chevilles ? Une nécessité encore : faute d'argent, elle portait des vêtements que lui donnaient ses amis hommes, bien trop grands pour elle ! Le style parle de cette audace à s'autoriser des mélanges inédits pour exprimer ses préférences, qui se moquent de la mode sans forcément la refuser, en s'appropriant les tendances, bref, en faisant preuve de créativité. Il renvoie toujours à une certaine liberté que l'on se permet, à l'instar de Coco Chanel qui a osé emprunter aux codes masculins certains attributs – la veste en tweed de son amant, le pantalon de marin –, ce que personne n'avait fait avant elle.

Jamais surveillante de baignade !

On peut en dire autant de notre style de vie, picorant de-ci de-là des aspirations et ambitions que nous nous approprions, tandis que d'autres ne nous correspondent pas, comme le chante malicieusement Clarika : « Je ne serai pas première dame des États-Unis, je ne tiendrai pas un petit commerce de toilettage pour chiens en centre-ville, je ne serai pas cosmonaute ni surveillante de baignade. » Il ne s'agit pas de renoncement, mais de directions qu'a priori nous n'avons aucune envie de prendre, et qui ne se présenteront jamais pour la plupart. Quoi qu'on puisse se demander si Carla Bruni s'était imaginée un jour en train d'organiser des dîners à l'Élysée avant de rencontrer son mari… Certains ont une idée très ferme de ce qu'ils veulent dans la vie, à l'instar de Manuel

Valls, dont le portrait a été dressé dans un documentaire diffusé sur France 3, intitulé *Manuel Valls, le matador.* Tous les témoignages convergent pour voir en cet homme un futur chef d'État. Même les copains d'enfance se souviennent qu'il voulait déjà être président de la République quand il était encore en culottes courtes ! L'homme est sur des rails, rien ne viendra le distraire de son but. D'après eux, il lui manquerait cependant d'avoir rencontré l'échec pour prendre la mesure de son envergure, pour que de temps en temps sa toute-puissance s'effondre, lui donnant une certaine humanité, venant tempérer son allure de fier matador trempé dans l'acier, que le doute ne semble jamais effleurer.

Éloge de l'apostat

Gardons cette possibilité de reconsidérer sans cesse nos positions, à l'instar de Marcel Mathiot, auteur des *Carnets d'un vieil amoureux*[1], qui a tenu un journal toute sa vie et n'hésite pas à admettre qu'il n'a pas pris la mesure de la montée de Hitler. Nous pouvons avancer dans la vie et nous dire que nous n'avons pas toujours eu raison. C'est encore ce que raconte Jean-Pierre Martin dans son *Éloge de l'apostat*[2]. Faudrait-il ne jamais se renier, même quand on a sombré dans la bêtise ? Pourquoi devrait-on toujours se reconnaître identique à soi-même ? N'a-t-on pas le droit de changer d'idées, de points de vue, au fil du temps ? Certes, quand certains ont consacré leur vie personnelle à une cause, à un engagement politique, on comprend qu'il soit bien douloureux pour eux

1. Philippe Rey, 2008.
2. Seuil, 2010.

d'y renoncer. Pour être en cohérence avec son idéal, le but et les moyens d'y parvenir seront sans cesse à réviser, ce que les leaders politiques souvent n'autorisent guère, se rigidifiant sur leurs positions dès qu'ils les sentent menacées. Le cas de Staline et des dictateurs en général en offre un douloureux exemple.

Ni tout à fait le même, ni tout à fait un autre

Il y a pourtant une jouissance à jouer de nombreuses définitions de soi, ni tout à fait fausses, ni tout à fait justes, à partir du moment où nous nous sommes dégagé de la définition unique. Si les autres me trouvent libre pourquoi pas : tant que je ne me sens pas obligé de justifier cette impression, je peux y trouver du plaisir, tout en continuant ma route. Sinon, je tombe dans le piège de prouver ma liberté pour confirmer cette identité flatteuse… et je ne suis plus libre du tout ! Que met d'ailleurs mon interlocuteur derrière cette notion ? Une personne fascinante, imprévisible, dépravée peut-être ? Ce qui déjà me convient moins ! Quand l'autre nous assigne à une place en nous voyant et nous définissant de telle ou telle manière, si nous avons le malheur de ne pas, ou plus, correspondre à cette image, il nous en veut terriblement, alors que nous n'y sommes pour rien. « Eh bien, je ne t'imaginais pas capable de… », soupire cet ami apparemment déçu par notre comportement. L'identité qu'il nous avait prêtée n'a pas tenu le choc de la réalité. « Comme tu as changé ! », constate un autre, auquel nous aimerions répondre : « Heureusement que je change ! » sans nous laisser entraîner à nous justifier ou nous défendre. Au fait, une question : qui es-tu pour me dire qui je suis ? D'autres s'accablent uniquement pour que les autres les rassurent: mais non, mais non, tu n'es pas faible! Paraître humble est souvent une manœuvre, plus ou moins habile, pour s'attirer les compliments et regonfler son ego! Comme le souligne un proverbe que nous reprenons, une fois n'est pas coutume, car nous nous méfions des phrases toutes faites: «Ne te fais pas si petit, tu n'es pas si grand»...

Qu'est-ce que je veux?

«Je sais qui je suis, ce que je veux» n'aura pas de réponse précise, mais ce que je ne veux pas m'apparaîtra clairement, et me sera précieux. Ce sont d'abord ces refus qui libéreront une énergie sans limite, nous allons y revenir longuement. Mais alors, pensent certains qui aimeraient trouver impérativement du sens à tout ce qu'ils font et se sentent perdus quand ils changent de route, la vie en est-elle dépourvue? L'amour illustre bien cette panique qui nous saisit devant la mobilité de nos sentiments, dont on craint tout autant la finitude que le caractère impossible à limiter. À quoi rime d'avoir aimé cet homme pendant vingt ans si je finis par le quitter? Peut-être que je ne l'aime plus, ou plus assez, ou plus du tout, un constat rude et brutal, qui ne signifie pas pour autant que j'ai fait une erreur durant toutes ces années passées ensemble.

La vie qui nous va

Notre société fait aujourd'hui l'éloge de cette fameuse connaissance de soi, mais face au désir dont nous parlons, ce savoir – impossible – va voler en éclats, tout comme l'idée de vouloir ou devoir donner un sens à sa vie. On ne sait pas où on va, on vise des buts parfois inatteignables, on verra bien en cours de route ! En chemin, nous allons créer, construire, faire des choses formidables ou pas, mais qui nous vont bien.

Même si nous allons au fil de la vie trouver notre cohérence, nous ne pourrons évoluer qu'en renonçant à toute structure et organisation préalables et définitives. Pour être dans sa vérité, il faut renoncer à toute vérité sur son être. Il ne s'agit plus d'assener « voilà comment je fonctionne », mais de dire « j'y vais aujourd'hui d'une façon que je n'imaginais pas encore hier, et dont parfois, je me croyais incapable ». Nous passons notre temps à chercher à être quelqu'un, alors que l'important est de reconnaître ce que nous préférons, et d'ajuster cette préférence au fil du temps.

4

Le désir tenu en laisse

« Je peux résisiter à tout sauf à la tentation ! »

Oscar Wilde

Pas trop, pas trop vite, pas tout de suite… Notre époque qui vante tant le désir, parallèlement flatte la tempérance. Il ne faudrait pas trop désirer, au risque de la déception, de la perte de toute maîtrise. À l'instar des personnes devenues coaches, certains ont bien senti ce vent favorable, et nous proposent un florilège de conseils pour s'octroyer des petits plaisirs au quotidien, petits au sens assez ratatinant du terme.

Éloge des plaisirs riquiquis

Pourquoi petits ? Les grands plaisirs ne sont-ils plus permis, ne sont-ils plus accessibles ? Ces « bons » plaisirs nous étant indiqués, serions-nous en panne, ne sachant comment nous y prendre pour jouir des moments de la vie ? Le plus déroutant est qu'il s'agit en général d'une liste d'activités d'une banalité affligeante… Même l'anthropologue Françoise Héritier, à qui l'on doit tant d'ouvrages éclairants sur la condition féminine, a succombé à cette mode dans son livre *Le Sel de la vie*[1], vendu à des milliers d'exemplaires. Au programme ? « Voir un beau feu d'artifice, écouter la Callas ou gémir le vent ou crépiter la grêle, regarder le feu, manger un sandwich dans la rue, marcher sur du sable chaud mais pas trop, siroter, faire sauter un trousseau de clés, faire pipi dans la nature, être ému aux larmes… » Mais ce n'est pas le pire exemple, loin de là, le bon sens de ces incitations étant incontestable. Contempler l'herbe qui pousse, pourquoi pas ? Mais si je suis comme Woody Allen à qui la campagne donne de l'urticaire et qui s'ennuie loin des lumières de la ville ? Ou si mon grand-père a péri sur sa moissonneuse-batteuse ? Notre histoire personnelle et notre inconscient façonnent les plaisirs que nous reconnaissons comme tels, alors cessons de nous laisser imposer des « kifs » qui ne sont pas les nôtres, avec la dose journalière prescrite, comme un médicament : trois par jour, sinon rien ! Par ces livres, nous nous protégeons surtout de nos élans, de nos désirs propres. Nous allons piocher dans les étals de plaisirs autorisés et garantis, faisant ainsi l'épargne de notre singularité. Point d'ambition dans ces plaisirs minuscules, que de la soumission, du devoir. Mais leur succès en dit long sur notre désarroi à ne pas trouver seul ce qui nous anime, et sur notre promptitude à nous en remettre à une liste de plaisirs adéquats. Avec le petit plaisir, je reste là où je suis, prévisible, je ne dérange rien et muselle mes ambitions. Or, nous le verrons plus loin, le désir qui nous anime est, d'une certaine façon, toujours transgressif.

1. Odile Jacob, 2012.

La méditation... pour quoi faire?

La méditation a le vent en poupe. Des études montrent qu'elle augmente notre connectivité neuronale, renforçant une adaptation plus complète de nos actions à nos désirs. Mais si je n'ai pas le désir réel de cette médiation, il n'est pas sûr qu'elle me connecte à grand-chose. Et si ma tête est encombrée par mille soucis, laisser passer les pensées comme des nuages risque au contraire de me plonger dans une profonde angoisse. Brandie comme le remède à tous nos maux, l'injonction de méditation est si forte actuellement que celui qui n'y trouve pas l'apaisement escompté va battre sa coulpe: sans doute ne médite-t-il pas assez, ou mal. Au lieu de douter de la validité de la démarche, il ne se pose pas la seule question qui vaille: est-ce que je me sens bien quand je médite? Oui? Alors, je prendrai vingt minutes tous les matins et j'en sortirai tout ragaillardi. Non? Peut-être que la méditation ne me correspond pas aujourd'hui, à ce moment de ma vie, ou ne me correspondra jamais, ce qui vaut pour l'un ne valant pas forcément pour les autres. Sauf que nous nous méfions de notre subjectivité, de ce que nous ressentons et qui n'irait pas dans le sens de la majorité, au point que de nos jours, nous nous sentirions presque coupables de ne pas méditer! À moins qu'il ne s'agisse d'une habile façon de poser un paravent devant notre désir, de dresser une forteresse – par une pratique relativement exigeante et absorbante – qui nous protège de ce qui peut-être s'agite en nous et réclamerait d'être libéré plutôt que calmé... La méditation est un outil, sûrement pas un but, et elle ne fonctionne que si l'on s'y reconnaît, ce qui est loin d'être le cas de tous les pratiquants. Même remarque pour le yoga: le calme et la concentration ne conviennent pas à tous, imposant à certains une immobilité à laquelle ils n'aspirent pas, dont ils n'ont pas besoin, même s'ils sont par ailleurs capables de ne bouger qu'avec les feuilles quand ils sont en vacances. On pense à cet excellent sketch de Guy Bedos sur la retraite dans un monastère : on lui a demandé de faire le vide en lui... et il a fallu le réveiller pour aller à la cantine ! Arrêtons de tout tranquilliser pour fuir ces désirs qui nous agitent, libérons plutôt cette énergie refoulée qui risque de se retourner contre nous. Ce qui, à l'origine, est le but du yoga : rencontrer ses conflits et ses agitations pour accueillir une énergie régénératrice, exercice bien loin de la pondération vantée aujourd'hui, si consensuelle.

L'éloge de la lenteur

Dans le même état d'esprit, il nous faudrait ralentir la cadence, faire la sieste... Cet éloge de la paresse prône un temps continu, un appel à organiser un « bon » temps uniforme, qui n'est peut-être pas le nôtre. Nous n'avons pas tous les mêmes ralentissements, ni les mêmes accélérations, rien de plus subjectif que cette temporalité. Parfois, nous vivons à toute allure de façon jouissive, à d'autres moments, nous nous délectons de ralentir, de ne rien faire ou d'aller au cinéma en plein après-midi, alors que nous étions sortis pour remplir des corvées administratives. Soudain, une affiche, ce dernier film de Nanni Moretti qu'on avait très envie de voir, un coup d'œil sur la montre, on ne devrait pas, mais c'est si bon...

La présence à l'instant convient aux contemplatifs, pas forcément aux personnalités énergiques qui adorent avoir mille projets sur le feu, faire tourner une dizaine d'assiettes en même temps, comme ces acrobates de rue. Ils ne sont pas fatigués, n'ont pas besoin de faire la sieste, parce que ce qui les agite relève de leur désir. À l'inverse, d'autres se délectent à vivre au ralenti, un ralenti qui pour eux relève du bon rythme. Ils détestent qu'on les bouscule, vont dans la vie à pas de sénateur. La fatigue est un bon indice pour savoir si vous êtes ou pas dans votre tempo, il n'y a rien de plus épuisant que de marcher à contre-courant de son temps. À l'instar de cette femme qui se demandait si elle ne manquait pas de fer… alors qu'elle manquait plutôt de « faire » !

Le zen mal compris

Que dire encore de cet éloge du vide – traduction du mot *zen* – dont on nous rebat les oreilles, et que nous comprenons selon les impératifs de la morale dominante ? Nous avons vu précédemment qu'il faut de l'espace pour que le désir émerge, sans que nous ayons pour autant à vider nos armoires, ou à favoriser les lieux dépouillés. C'est d'un espace psychique dont nous avons besoin, pas d'un espace matériel, même si parfois, le rangement de nos placards nous aide à mettre de l'ordre dans nos idées. Ces messages sont dispensés par des personnes qui se considèrent comme des maîtres de vie, qui dictent la façon d'organiser un quotidien. Or, dans le zen, le maître n'est jamais dans la position de dire à l'élève : « C'est moi qui sais. » Contrairement à ces livreurs de leçons, il est rarement là où on l'attend, délivre des messages énigmatiques, en atteste l'histoire de ce bûcheron inculte. Celui-ci se présente à la succession du maître – il sent que c'est là qu'il lui faut aller – sous les quolibets des autres prétendants : qui est-il pour oser prétendre à devenir moine ? Et pourtant, le maître va le désigner, préférant l'élan de ce candidat, son désir affirmé, aux savoirs accumulés par les autres. On ne peut s'empêcher de penser à Jacques Lacan qui cassait ses écoles dès qu'elles commençaient à devenir des institutions : il ne se posait pas en maître, même si, à son grand regret, ses « disciples » l'installaient sur ce piédestal. Le zen est encore entendu comme un appel à la tempérance, une invitation à tourner le dos aux biens matériels, une erreur fondamentale d'interprétation qui ne sert que notre volonté de pondération. À se dégager de la frustration, de l'illusion et de la compulsion, c'est au contraire le désir, quel soit-il, qui s'en trouve libéré. Lorsqu'ils furent invités à Paris dans les années 60, les premiers moines bouddhistes ont étonné les Occidentaux en quête d'ascèse : ils passaient leur journée à rire, insistaient pour aller faire du lèche-vitrines, regardaient les femmes avec plaisir, au grand étonnement de leurs hôtes. Effectivement, n'étant tenus par rien, ils avaient plaisir à tout.

Le lâcher prise

Quelle injonction absurde et paradoxale ! On ne décide pas de lâcher prise et, si on le fait, cela signifie que nous n'avons rien lâché du tout, la démarche étant consciente et très « tenue ». D'ailleurs, certaines prises sont utiles : comme en escalade, elles assurent notre sécurité et parfois nous ont sauvés. On l'entend comme un « je décide de laisser faire, les signes que m'enverra la vie me guideront », sauf que c'est nous qui les interprétons, ces fameux signes. En analyse, un symptôme vécu comme quelque chose qui nous aide à tenir – croyait-on – cédera, résultat d'un sens à lâcher, d'une interprétation de laquelle se dégager, mais qui ne peut relever du volontariat. Il s'agit d'une évolution qui se fera au fil des séances à notre insu. Sans compter que cette volonté de lâcher prise nous conduit souvent dans une impasse. Une femme, jusque-là très organisée et soucieuse de tout maîtriser, décide de changer du jour au lendemain. Résultat ? Elle supporte stoïquement que son amant la fasse attendre deux heures au café, sous prétexte qu'il est un peu bohème : le lâcher prise est-il intéressant quand il consiste à s'en remettre à l'organisation des autres ?

La journée de la gentillesse

Au risque de nous faire quelques ennemis, nous aimerions revenir sur ce concept qui fait fureur. Une fois par an, nous sommes sommés de sourire à nos voisins, de tenir la porte dans le métro, d'être aimables avec nos collègues de bureau. Certes, il est toujours plus agréable dans les relations humaines de se respecter : comme le soulignait Freud, à partir du moment où nous avons admis que dans l'inconscient nous étions incestueux, meurtriers et anthropophages, nous nous appliquerons alors à nous organiser et à vivre en société, sans nous tuer ni nous manger… En étant aimables, nous fonctionnons mieux ensemble, nous obtenons plus facilement ce que nous demandons, cette gentillesse-là garantissant également nos libertés mutuelles. Pour autant, cela nous impose-t-il le devoir de dire bonjour quand nous sommes de mauvaise humeur, ou perdus dans nos pensées tout simplement ? Celui qui part du principe qu'il doit être gentil, par tous les temps, attend que l'entourage le valide comme tel, lui délivre le diplôme de la bonne attitude. Est-il encore l'enfant qui obéit pour ne pas avoir d'ennuis ? Comme l'ambition, le terme « gentillesse » a une connotation ambiguë :

vantée comme une vertu, elle sous-entend aussi une certaine faiblesse, le gentil étant l'agneau parmi les loups, il va se faire avoir à un moment donné. Certes, s'il se contente de répondre uniquement à la demande et aux attentes des uns et des autres, il se sentira lésé, mais il peut sans risque être aimable, tant que son désir trouve à s'exprimer. La gentillesse étant aussi une manière douce d'imposer celui-ci. Enfin, elle peut être parfois une façon d'établir une certaine distance avec les autres : j'en donne un peu mais pas trop, personne ne franchira cette zone que je délimite ainsi. De nombreuses personnalités artistiques naviguent avec cette retenue en bandoulière : elles délivrent quelques détails sur leur vie et pratiquent à merveille l'art de l'esquive. Qui, à part ses proches, peut se vanter de connaître la vie de Fanny Ardant, son lieu de résidence, le nombre de ses enfants, ses hobbies ?

Violence, passion et destruction

Nous sommes dans un monde rude, qui n'a que le mot « gentillesse » à la bouche. Suspect, non ? Tous les mythes originels, quels que soient les continents, sont loin d'être tendres : on y tue, on y noie, il y a de la pulsion, de la violence, il faut parfois détruire pour pouvoir renaître, tel est le message de ces mythes. Les religions sont intervenues pour les interpréter, tempérer les ardeurs, les maîtriser… sauf vis-à-vis des individus qui refusaient de les écouter ! Elles imposent une morale qui tente de tenir la bride à ce qui s'agite en nous, et qui menacerait peut-être le bon ordre social, mais sont prêtes à se déchaîner contre ceux qui ne veulent pas suivre la même voie, nous en avons de cruels exemples sous les yeux, toute confession confondue. Nous n'avons pas envie d'être gentils tout le temps, avec tout le monde, et nous ne sommes pas gentils de la même manière avec nos amis, nos enfants, nos collègues. Face à cette injonction, le ça, notre sale gosse, rêve d'une journée de la méchanceté, histoire de s'amuser un peu. Ajoutons que les romans noirs et les intrigues alambiquées racontent nos complexités plus exactement que les romans à l'eau de rose.

Souriez, c'est un ordre !

Alors que le sourire est censé lever les barrières – ce qu'il fait, quand il est spontané –, il devient un mur dès qu'il est obligé. Il est fréquent de marcher dans la rue tout en cogitant, sans faire attention aux autres, enfermé dans nos pensées. Ce sont ces temps de tête à tête avec nous-même qui nous permettent de mieux cohabiter à d'autres moments avec nos contemporains. D'ailleurs, ces injonctions de bon fonctionnement pour une concorde sociale ne donnent pas toujours les résultats escomptés. Prenez celui qui lance un « bonjour » à un voisin qui n'y répond pas, son message cordial a toutes les chances de se transformer en agression : dites, vous pourriez répondre, quand même ! Cette plainte est récurrente dans les grandes villes. Pourtant, à Paris, réputé pour son indifférence, le jour où vous vous promenez de bonne humeur, vous ne manquerez pas de croiser des personnes qui vont vous sourire, vous renseigner sur votre chemin, non parce que vous vous efforcez d'avoir l'air sympa, mais parce que vous êtes ouvert et bien disposé ce jour-là. Ceux qui fréquentent les cafés connaissent bien les petites connivences qui s'installent entre habitués : un sourire en coin, un journal qui s'échange, rarement plus, mais on se sent appartenir à une communauté. Dans sa chanson « Les passantes », Georges Brassens parle encore de ces femmes aperçues, entrevues, qui fugacement mettent du baume au cœur. Sous couvert d'impérieuse ouverture aux autres, nous faisons exactement l'inverse : nous nous fermons à la surprise, à une rencontre imprévue qui fait le précieux des relations humaines. Sans être d'un optimisme béat, il est facile de constater que les habitants des grandes villes sont plus attentifs aux autres qu'on ne le dit, à condition de ne pas être verrouillé, ni campé sur ses préjugés, au risque de passer à côté de ces instants de courtoisie et d'entraide. Au fait, que sais-je de ce voisin qui n'a pas répondu à mon sourire : peut-être a-t-il perdu sa femme, son chien, son travail ? Peut-être ne m'a-t-il pas entendu ? Qui sommes-nous pour exiger que tout le monde soit disposé à nous sourire ? Et moi-même, suis-je tout le temps souriant ? Si oui, il s'agit forcément d'un sourire de convenance. Dans cette réclamation à l'attention de tous, connus ou pas, perce une demande sous-jacente : fais-moi exister… Ne devrions-nous pas être assez grands pour nous sentir pleinement vivants sans avoir besoin de l'approbation des autres ? L'autre ne nous doit rien et, le jour où il nous accorde un vrai sourire, du fond du cœur, alors oui, quelque chose passe entre nous.

S'autoriser une saine colère !

Voilà encore un mot honni par notre époque en quête de gentillesse. Certaines colères sont pourtant salvatrices, lorsque l'autre empiète sur mon territoire, m'impose des situations dont je ne veux pas. La colère parle souvent de notre désir contrarié, d'un impératif à se faire entendre quand la ligne rouge du respect a été franchie. Attention, certains démarrent au quart de tour dans des colères qui ne sont pas toujours justifiées, confondant aboiement et caractère : ceux-là contraignent les autres, sans jamais se questionner sur le bien-fondé de leur débordement. Parfois encore, nous avons tellement ravalé nos frustrations que la colère explose au mauvais moment, sur la mauvaise personne, d'où l'impératif – voire le courage – de la laisser s'exprimer dans les situations qui le nécessitent. Un petit mot encore sur l'éloge de la faiblesse, qui a tant d'adeptes. Les exemples de l'autiste brillant, du handicapé souriant qui voyage au bout du monde avec femme et enfants, que l'on nous agite sous le nez, nous dispensent surtout de nous attaquer au problème de fond, celui du vivre ensemble, en masquant l'exclusion de tous les autres. Alexandre Jollien en a fait un bon livre, car il n'élude pas les difficultés de sa situation. Il reconnaît les mesquineries qu'a générées son infirmité, sa colère, sa jalousie vis-à-vis de son copain, beau comme un dieu, qui avait toutes les femmes qu'il désirait. C'est un témoignage particulier, sincère et, si personne ne souhaiterait échanger sa place avec lui, il montre que, même en partant de très loin, on peut parvenir à vivre au mieux sa vie. Il a transformé la plainte qui l'a longtemps habité en force de vie pour dépasser son découragement.

Le pardon… pas toujours miséricordieux !

Allez, puisque nous y sommes, tordons encore le cou au pardon. La Bible nous enjoint de pardonner à notre prochain, bien. Croyants ou pas, nous en appelons tous au pardon dans le couple, les familles, passage obligé pour résoudre les conflits. C'est a priori généreux, sauf que ce pardon assigne les places de gentil au pardonneur, et de méchant au pardonné. Ou au trompeur et au trompé, dans le cas de l'infidélité conjugale. Ah! l'arrogance de celui qui pardonne! Il se sent dans son bon droit, au-dessus de celui à qui il daigne accorder sa grâce, rien ne peut le déstabiliser dans son geste. Sans qu'il s'agisse de tomber dans l'excès inverse, qui consisterait à dire que, si l'autre m'a trompé, c'est que je l'ai bien cherché, il est plus intéressant et constructif de considérer ensemble comment nous en sommes arrivés à cette situation, faisant de cette incartade des propositions intéressantes pour l'avenir, où chacun trouve sa place de sujet, où nous nous confrontons dans l'altérité. «Je regrette de t'avoir fait du mal» paraît une formule plus juste, car c'est le sujet responsable qui parle. Peut-être ce passage à l'acte a permis d'y voir plus clair sur un couple dont le fonctionnement ne convenait plus? Mais, dans le pardon, rien de tout cela: chacun connaît son rôle et sa place, des places rassurantes d'être interdépendantes. On peut même trouver une grande jouissance à s'afficher coupable, sur le mode «c'est ma faute, c'est ma très grande faute, tout est ma faute»: en tant que responsable, je reste maître de la situation, j'occupe le terrain, je ne disparais pas... Quant à celui qui pardonne, il arrive sur son grand cheval, bardé de sa mansuétude, mais garde tous les pouvoirs, à commencer par celui de conserver le dossier au chaud pour le ressortir quand le climat du couple se gâtera de nouveau. Il a désormais un joker dans sa manche pour mettre l'autre en état de fautif permanent.

Pardonner à ses parents ?

Le conseil fait florès lui aussi. Nous ne nions pas que le pardon puisse être utile parfois pour s'apaiser, mais il n'est pas un passage incontournable. Le romancier Henning Mankell en offre un excellent exemple. Sa mère est partie quand il avait un an. Cet abandon aurait pu l'anéantir, mais il ne l'a jamais vu sous cet angle. Il évoquait l'instinct de survie de sa mère pour expliquer sa fuite. Lorsqu'il l'a revue à l'âge de quinze ans dans un café, elle n'a pas voulu l'embrasser, sous prétexte qu'elle était enrhumée. Il avouera entretenir avec elle une amitié hésitante[1], mais la notion de pardon ne l'a jamais effleuré. Et cette jeune femme à qui tout le monde serine « tu devrais pardonner à ta mère » et n'en éprouve aucun besoin ? Elle l'a rangée dans un coin de sa vie pour qu'elle la perturbe le moins possible. Un coup de fil pour son anniversaire, une carte pour le nouvel an, une sorte de service familial minimal qui lui assure une tranquillité, une distance protectrice, sans rupture totale. Elle n'est pas en colère, ne voit vraiment pas ce qu'elle aurait à lui pardonner. De ne pas s'être occupée d'elle ? D'avoir été violente ? Elle n'est pas accrochée à l'espoir de la voir changer, mais inquiète en revanche de répéter l'histoire avec ses propres enfants.

Tout en étant dégagée vis-à-vis de sa mère, elle ne se défait pas d'un reproche éventuel que pourraient lui adresser ses filles. On pourrait même dire que cette idée d'une possible transmission, tout angoissante qu'elle est, se révèle rassurante : si elle n'est pas une bonne mère, elle saura d'où cela

1. *Libération*, 6 octobre 2015.

vient, du lien anxiogène entretenu par sa propre mère et dont elle n'aura pas su se défaire. Cette histoire souligne la prégnance de la chaîne générationnelle qui, même si elle emprisonne, offre du sens et une cohérence. En tant que mère, elle analyse tout ce qui se passe entre elle et ses enfants à l'aune de cette filiation, et ses filles, malignes, s'engouffrent dans la brèche de cette culpabilité. Or on ne sait jamais ce que l'on transmet, ni de quoi notre histoire sera faite, une reconsidération qui peut réclamer de travailler sur soi, une démarche qui nécessitera une réelle ouverture. Le contraire de la logique de cause à effet, de son fatalisme. La libération, en ce cas, ne réside pas dans le pardon à la mère, mais dans la coupure de la chaîne, aliénante certes, mais bien pratique pour se situer.

Trop de psy…

La psychanalyse mal comprise et la vulgarisation des notions psy peuvent également servir de couvercles pour éviter la réflexion. Il fait son Œdipe ou traverse sa phase d'opposition, c'est la crise de la cinquantaine, et hop, on dégage en touche, sans pousser plus loin. Ces cases permettent surtout de ne pas entendre ce que l'autre a à nous dire : et si cet ado était surtout malheureux ? Et si cet homme avait peur de mourir à cinquante et un ans, comme son père ? Dès que nous croyons expliquer assurément tel ou tel comportement, nous faisons fausse route, un seul élément n'étant jamais suffisant. C'est toujours dans le doute et la nuance que se révèle et se faufile notre mobilité, que se reconnaissent nos singularités. La crise de l'adolescence tant redoutée – et guettée ! – de nos jours en offre un bel exemple : il suffit d'avoir deux enfants à la maison pour se rendre compte qu'aucun ne la traversera de la même manière, et que ses mouvements et mutations n'en feront pas forcément une « crise » au sens douloureux du terme. Tous les manuels et articles de psychologie, devenus des bibles parentales, balaient ces exceptions et ces particularités. Bien sûr qu'il faut s'interroger sur la conduite à tenir avec nos enfants, mais sans apporter aussitôt une réponse stéréotypée. Relativisons au passage ce « bon vieux temps » dont on nous rebat les oreilles, et où aucune interrogation ne venait déranger les adultes dans leur toute-puissance. Certaines annotations dans les bulletins de notes du début du vingtième siècle nous replacent les pieds sur terre : esprit borné, belge, abruti notoire, père inconnu et mère de mauvaise vie... Pas sûr que les enfants ainsi qualifiés s'en trouvaient plus heureux.

Le Codevi des émotions

Il nous faudrait désormais gérer nos émotions comme notre compte Codevi, avec investissements limités et intérêts à la clé. « Je ne veux pas être consolé ! » affirmait Roland Barthes. Vous êtes gentils, mais ne me privez pas de ma tristesse. C'est plein de désagréments d'être en vie, ce n'est pas un long fleuve tranquille, sans faire pour autant l'apologie du fameux « ce qui ne nous tue pas nous rend plus fort », de la souffrance nécessaire pour progresser dans la vie, incontournable pour gagner sa place au paradis.

Revenons à nos émotions, qu'il est bon de laisser circuler, sans vouloir les transformer en produit rentable. Il existe des manques que nous ne comblerons jamais, qui feront toujours partie de notre vie. Ainsi, le romancier Philippe Forest ne veut pas tourner la page de la mort de sa fille, comme on le lui conseille : il ne veut pas entendre qu'il devrait avoir un autre enfant, que son chagrin va passer, il veut donner toute sa place à sa tristesse. Comme le souligne encore joliment Roland Barthes, après la mort de sa mère : « Je ne suis pas en deuil, j'ai du chagrin. »

Vivre avec la perte, c'est être parfois traversé de nostalgie ou poignardé de souffrance lorsque nous prenons conscience que l'autre ne sera plus jamais là, et puis la vie reprend son cours tout doucement. Ces moments peuvent même être agréables et il serait dommage de les refuser car ils parlent de nous, des flux qui nous traversent. Mais aujourd'hui, nous n'avons le droit qu'à un certain quota de tristesse, au-delà, elle n'est plus valable ! Il faudrait faire un « travail » de deuil, comme si balayer un chagrin relevait de la pure volonté. Comment instaurer une durée valable pour tous, alors que le deuil est propre à chacun ? La pièce écrite et jouée par Mohamed El Khatib, *Finir en beauté*[1], où il relate avec humour et tendresse la mort de sa mère, raconte cette nouvelle codification du malheur. À la sortie du cimetière, il doit faire face à un oncle qui lui parle de trouver une nouvelle femme pour son père, pas tout de suite, tout de suite, mais il faut commencer à y penser sérieusement, affirme le tonton. « Je consulte ma montre non pour regarder l'heure, mais la date. Rapide calcul mental, ma mère est morte il y a cinq jours. Le temps d'un deuil est estimé, selon le Robert, à dix-huit mois ; admettons que les rédacteurs aient été un peu chochottes, réduisons à huit mois, et même à huit jours. À ma montre le compte n'y est pas, ça fait à peine cinq jours. »

1. Les Solitaires intempestifs, 2015.

Je lui ai dit : « On va attendre un peu. » Il m'a dit : « Oui, oui, attendons… un peu ! »

Méfions-nous des consolateurs

Quand on traverse un deuil, les donneurs de leçons ne manquent pas. Il ne faut pas rester seul, il faut mettre sa douleur en mots… alors que, bien souvent, nous avons juste envie de nous isoler, ou qu'on nous autorise à être là, avec notre chagrin, même dans notre incapacité à le formuler. Cela ne signifie pas que nous n'allons pas nous reprendre d'ici quelque temps, à notre rythme, selon notre envie. Mais le consolateur, lui, veut exister dans le rôle du généreux, grâce à qui nous irons mieux ! En négligeant ses bons conseils, on le prive de son statut, sans compter que, bien souvent, notre consolateur est encombré de projections personnelles. Que peut pour nous cet ami qui a très peur de perdre son père au moment où nous sommes en train de perdre le nôtre ? Pas grand-chose… Savoir réceptionner le désarroi demande une disponibilité dont nous ne sommes pas tous capables, en tout cas pas à tous les moments de notre vie, mieux vaut en être conscient. Un constat qui n'a rien d'affligeant, et qui peut éviter la mauvaise réception de nos bonnes intentions, dont l'autre n'avait nul besoin.

La plainte, une litanie sans réel contenu

En France, la plainte est bien vue socialement : à la différence des pays anglo-saxons qui méprisent l'épanchement en public, banni comme une faute de mauvais goût, notre pays valorise cette attitude geignarde et quiconque se réjouit et trouve la vie plutôt chouette prend le risque d'avoir l'air du ravi de la crèche. La plainte paraît plus profonde, gratte loin, nous donnant l'impression de malaxer un matériau consistant, d'avoir davantage de poids. Toutefois, cette propension que l'on trouve dans les pays latins à se répandre ne nous expose pas vraiment : il s'agit souvent de plaintes générales, les plus intimes étant gardées pour soi. Une expression argentine traduit bien cette fausseté convenue dans l'échange : « Comment vas-tu ? – Bien… ou tu veux que je te raconte ? » Quant à ceux qui ne veulent jamais se plaindre de peur d'ennuyer les autres avec leurs tracas – une pudeur a priori honorable –, leur refus peut déguiser une demande non formulée : « Viens me chercher, même si je ne te demande rien, car tu devrais deviner que je vais mal. »

La plainte permet de ne rien changer

La plainte peut être encore un excellent moyen de ne pas interroger son désir. Ainsi, l'homme qui geint sans cesse sur son job, de quelle insatisfaction plus profonde parle-t-il ? Le travail devient le paravent d'une vie qui ne lui plaît pas, dont il évite soigneusement de questionner les fondements. La plainte émane rarement d'une position de sujet, même chez celui qui soupire qu'il est nul, qu'il fait n'importe quoi. Sa litanie lui évite d'entendre ce qu'il a à dire réellement, ce à quoi il aspire peut-être, ce qui serait chez lui à remettre en cause, bref, elle lui économise tout changement. C'est une façon astucieuse d'empêcher un précieux retournement sur soi : pourquoi l'ai-je fait de cette manière ? Comment aurais-je pu me comporter différemment ? En quoi cette attitude m'arrange-t-elle ? Nombreux sont ceux qui se désolent de tomber toujours sur le même genre d'homme ou de femme. Apparemment, ils semblent s'interroger sincèrement, mais dans le fond, ils ne font que battre leur coulpe sans bouger d'un iota : je sais, je ne fais pas ce qu'il faut – une fois ce constat fait, le dossier est classé. Les bénéfices secondaires – comme il est dit en psychanalyse – à rencontrer le même type de personne, ne seront pas évalués. Car il y en a, forcément...

Prenons encore l'homme qui se désole d'être un lâche en amour, comme tous les hommes : cet élément constitutif de la masculinité, posé comme une fatalité, le dédouane de toute responsabilité et lui permet surtout de continuer de cette manière. Dommage qu'il n'interroge pas ce qui dans son histoire le pousse à prendre ses jambes à son cou dès qu'il sent une vague demande d'engagement. Pourquoi en a-t-il si peur ? Qu'est-ce qu'il entend par lâcheté ? Mettre en brèche le mot lui-même, ce qu'il recouvre et signifie pour chacun de nous, est nettement plus intéressant, et éclairant. Qu'est-ce que la plainte dit de nous ? De qui parlons-nous lorsque nous accusons en boucle la société, l'époque, les « gens », ce vaste ensemble d'individus non identifiés, ce fourre-tout qui fait office de grand Autre, tel que nous l'avons défini plus haut ? Des gens dont je me distingue de façon quelque peu présomptueuse, moi qui ne suis pas comme eux, qui tous vont bien quand moi je vais si mal... Reconnaissons notre côté pleurnicheur : ce sont les magazines de mode qui nous imposent leurs diktats, le monde tel qu'il va qui est insupportable, autant de plaintes qui nous arrangent et nous dédouanent. Car ces magazines, pourquoi les lisons-nous et qu'y trouvons-nous que nous voulons entendre sur l'éternel féminin ? Ce monde absurde que nous critiquons sans cesse, nous y participons, et que faisons-nous pour le changer?

La jouissance de la plainte

À la différence de la confidence sincère qui assurément crée du lien, la plainte favorise rarement l'échange. Elle peut même être invasive, quand certains guettent votre regard pour entamer une conversation qui leur permettra de vider leur sac, au mépris de votre disponibilité. Nous risquons-nous, compatissants, à leur donner un conseil, cela ne conviendra jamais car ce n'est pas ce qu'ils cherchent: ils jouissent de leur plainte – qu'ils ressassent – et au fond ne veulent pas la lâcher. Face à ce type de plaintif, nous n'existons pas et, si d'aventure nous les avons au téléphone, nous pouvons aller ouvrir la porte, revenir sans qu'ils se rendent compte de notre absence, rien n'ayant stoppé leur logorrhée. Le cas des émissions de témoignage à la télévision est édifiant, belle démonstration du côté stérile de la plainte quand elle n'est pas formulée au bon endroit, au bon moment. La plupart sont dans une complaisance certaine vis-à-vis de leurs difficultés, se sentent exister, reconnus grâce à elles. Ils appellent rarement pour trouver des solutions, préférant se rouler complaisamment dans leurs malheurs. Ainsi, les histoires d'amour qui font souffrir paraissent à beaucoup nettement plus vivantes. Dès que la relation devient sereine, ils ont l'impression de ne plus aimer, ou pas assez. Quand on transporte sa douleur comme une amie fidèle, comme un gage d'identité, que se passe-t-il quand on ne la ressent plus? On se sent nu, déboussolé. Et plus la souffrance est aiguë, plus elle est rassurante, plus elle nous donne un sentiment puissant d'exister. Il y a encore celui qui se plaint sans cesse de donner aux autres sans jamais rien recevoir. Pourquoi donne-t-il ? Est-ce que l'autre le lui demande ? Quand après un travail personnel il change de position, il s'aperçoit que sa vie relationnelle est autrement plus riche, plus libre et plus saine. Dès que nous sommes capable de nous demander « qu'est-ce qui me profite dans la relation ? » et non « qu'est-ce que l'autre attend de moi ? », un sérieux ménage se fera autour de nous. Et il nous profitera.

La plainte sur le divan

Autant dans la vie de tous les jours la plainte est pénible et rarement constructive, autant sur le divan elle est nécessaire. Les murs des cabinets de psychanalyse sont tapissés de plaintes et, s'il y a bien un endroit où l'on a toute autorisation à déverser ses souffrances, c'est bien en analyse. « Fouillez l'ordure, vous trouverez mon secret », écrivait Jean Genet.

La plainte est le matériau sur lequel l'analyste et l'analysant travaillent. Le patient utilisera les mêmes mots, les rabâchera jusqu'à ce qu'un jour se fasse entendre une musique différente. L'analyste, par son écoute, lui fera éprouver en retour la jouissance qu'elle brasse, les fameux bénéfices secondaires à valider cette plainte. Des bénéfices dont le profit peut alors être reconsidéré, notre position pouvant alors changer. Celle qui se plaint de n'aimer que des hommes indisponibles s'apercevra par exemple qu'ils la protègent d'attentes familiales trop précises et terrifiantes : trouver un bon parti et lui faire plein d'enfants. Ce « profit » une fois révélé, elle sera en mesure de s'engager, si elle en a envie, et non parce qu'il le faudrait. Pourtant, certains arrivent sur le divan en déclarant: « Oh, je ne viens pas pour me plaindre, je ne vais pas vous ennuyer avec la même histoire. » Mais si, mais si! C'est le lieu pour cela! Que faut-il d'ailleurs entendre derrière cette apparente pudeur? Une vraie précaution à ne pas déranger l'analyste, ou plus sûrement une tentative de protéger une plainte qui dans le cadre d'une séance révélera ses significations cachés?

5
Le désir confisqué

De certains mots, de certains regards, on ne guérit pas. Malgré le temps passé, la douceur d'autres mots, d'autres regards.

Delphine de VIGAN

Le désir ne trouve pas toujours à s'épanouir, notamment quand les conditions de vie sont difficiles. Même si le discours sur la crise sert les frilosités de certains, nous venons de le voir, et même si ceux qui brandissent cet argument ne sont pas toujours les plus menacés, il serait illusoire d'affirmer que nous sommes tous égaux pour donner cours à notre désir, selon l'adage des Américains : « qui veut peut ».

Des conditions de vie difficiles

Quand on fait les trois-huit, qu'on rentre éreinté de son travail, il n'y a plus guère de temps et d'énergie pour se positionner en tant que sujet de sa propre vie. L'esprit est liquéfié, le corps essoré, et l'on n'aspire qu'à une seule chose en rentrant du boulot: dormir jusqu'au lendemain! Un exploitant agricole témoignait de ses dures conditions de vie[1] : il travaille soixante-dix heures par semaine et, à certaines périodes de l'année, il est si fatigué qu'il compte ses pas pour se tenir éveillé. Comment dans ces conditions prendre du recul, mener une quelconque réflexion sur la vie que l'on désirerait avoir? Le milieu social joue également son rôle: dans les familles les plus défavorisées, où l'horizon semble irrémédiablement bouché, il est plus difficile d'écouter la musique de son désir. C'est dans ce contexte qu'on entend le plus souvent ces phrases fatalistes: on ne fait pas ce qu'on veut dans la vie, si vous croyez que c'est facile, ce n'est pas pour nous... Cependant, et cela reste toujours mystérieux, certains parviennent à avoir le sursaut nécessaire pour s'extraire de la nasse. Le romancier Olivier Adam a été élevé dans une cité et aurait dû connaître le destin de ses copains d'enfance, qui pensaient n'avoir le choix qu'entre l'usine ou la délinquance, comme il le raconte dans son roman *Les Lisières*[2]. À l'adolescence, l'écrivain ne savait pas que Science Po existait, l'aurait-il su qu'il n'aurait même pas imaginé prétendre à y entrer[3]. Les milieux aisés offrent plus de possibilités, plus d'ouvertures, ils éduquent et donnent accès à la beauté, à la culture, même si là aussi suivre son désir demeure audacieux et souvent dérangeant. Cette aisance offre surtout plus de latitude pour chercher, tâtonner, on peut se tromper et par exemple reprendre des études qui conviennent mieux – et sont parfois payantes – après avoir été en échec scolaire, et faire carrière dans la foulée. Toutefois, venir d'un milieu

1. « Interception », France Inter, 10 janvier 2015.
2. Flammarion, 2012.
3. Sophie Cadalen, Bernadette Costa-Prades, *La Belle Ambition*, Lattès, 2013.

favorisé ne garantit pas non plus l'écoute ni la reconnaissance de son désir, et sa mise en acte. Certains ont une multitude de possibilités et n'en saisissent aucune, tétanisés au milieu du carrefour, tandis que des jeunes en galère dès l'enfance ont une niaque incroyable pour conquérir ce qu'ils visent.

Quand on réussit à échapper à la fatalité de sa condition, la question de la légitimité affleure souvent : pourquoi y suis-je arrivé et pas les autres ? Quand on n'a pas trouvé dans son berceau les codes qui régissent le monde, un culot monstre peut les remplacer. La comédienne Karin Viard se plaît à raconter ses débuts au théâtre. Ne sachant pas les « règles » du milieu artistique, peu impressionnée car ignorante de qui elle rencontrait ou de ce qui était en jeu, elle a poussé des portes sans inhibition aucune. Et s'en est bien trouvée...

Des freins inconscients

Toutes ces difficultés conscientes, énoncées, reconnues, se doublent de freins inconscients bien plus pernicieux à débusquer. Le plus important étant de s'autoriser à « trahir » sa classe d'origine, à s'en extirper, ce qui n'est jamais simple, quelle que soit celle dont on est issu. Malgré notre bonne volonté, à ne pas s'être autorisé, à ne pas s'être libéré d'un ordre et d'un joug inconscients – qu'il s'agit d'abord de reconnaître –, nos actes manqués nous feront trébucher, comme l'illustre l'histoire de ce jeune homme. Au moment d'obtenir une belle promotion, il se trompe d'adresse en se rendant au dernier rendez-vous qui devait lui assurer son poste. Une fidélité inconsciente le fait stopper son évolution de carrière, il ne se sent pas légitime à rejoindre le monde des patrons, lui qui a vu son père, son grand-père soumis toute leur vie à l'autorité. Son acte manqué a atteint son but: s'interdire de changer de camp. Ou cette jeune femme, prise d'une quinte de toux incontrôlable au moment de faire une présentation capitale pour sa carrière devant un staff venu des États-Unis. Il lui faudra un long travail sur elle pour parvenir à sauter le pas et s'autoriser à dépasser ce plafond de verre, édifié par son histoire, auquel elle était inconsciemment soumise.

Privé de mots pour le dire

Ce sont les mots qui nous donnent des ailes, ce sont eux qui défont et refont les mots qui nous ont faits, l'injustice sociale se nichant dans cet accès défaillant à la maîtrise et la richesse de la parole. Une star du monde sportif, s'il vient des cités, sera épinglé par la moindre polémique, méprisé à cause de la pauvreté de son vocabulaire, tandis qu'un politique, qui manie parfaitement le langage, bénéficiera de notre indulgence quand bien même on le sait malhonnête. La lutte des classes passe par la culture, les militants le savent bien, qui se battent pour que les livres, le théâtre, l'art soient accessibles à tous. Comment définir son désir quand on n'a pas les termes pour le cerner, comment traduire la mobilité de notre inconscient quand on bute sur les mots? Comment exprimer ses rêves quand on manque d'un vocabulaire nuancé, que l'on n'a l'usage que de phrases toutes faites? Comment dire son désir encore, quand on se méfie et qu'on se prive volontairement de certains mots, voire qu'on les méprise? Le linguiste Alain Bentolila s'est invité dans des classes pour mener une enquête auprès de jeunes enfants de milieux défavorisés, Un jour, la maîtresse demande à ses élèves de trouver un mot précis à la place d'un mot vague. Le chercheur se plie lui aussi à l'exercice et en propose quelques-uns. Aussitôt, les garçons éclatent de rire : « Eh, monsieur, ce sont des mots de filles ! » Dans certains milieux, la culture, cataloguée dans le registre du féminin, est dévalorisée. Pour devenir virils, ces jeunes enfants – qui ne sont pas encore au collège ! – refusent d'acquérir des mots nouveaux[1]. L'écrivain Édouard Louis, dans son roman *En finir avec Eddy Bellegueule*[2], parle très justement de cette privation de langage, qui était le lot de tous dans le milieu dont il est issu. Ce sera grâce à l'école et à certains professeurs qu'il parviendra à énoncer ses envies propres, son désir de culture et d'émancipation, aidé en cela par le rejet violent qu'il subit en tant qu'homosexuel. De même, Jamel Debbouze raconte que c'est grâce à un professeur qu'il a pu transformer son énergie débridée en création ordonnée et avoir le culot de pousser les portes des médias dès l'âge de dix-neuf ans, pour parvenir au succès qu'on lui connaît. Quant à Jeanette Winterson, le titre de son ouvrage *Pourquoi être heureux quand on peut être normal ?*[3], inspiré d'une phrase que sa mère lui répétait en boucle, illustre bien le combat qu'elle a dû mener. Elle y note : « J'ai eu besoin de mots parce que les familles malheureuses sont des conspirations de silence. » La langue sauve de la condamnation à une condition un grand nombre de romanciers, de chanteurs de rap, d'humoristes. Pourquoi eux, et pas d'autres ? Là encore, il n'y a pas de raison objective et générale au fait que certains savent saisir les occasions d'échapper à leur destin, tandis que d'autres se contentent de rêver, affalés sur leur canapé, qu'ils pourraient un jour devenir riches et célèbres, la télévision ne cessant d'agiter ce chiffon rouge sous leur nez.

1. Sophie Cadalen, Bernadette Costa-Prades, *op. cit.*
2. Seuil, 2014.
3. Éditions de l'Olivier, 2012.

Quand l'éducation brise le désir

La façon dont on a été encouragé à exprimer ou pas ses désirs joue également un rôle important, tous milieux sociaux confondus. Avons-nous été poussés à raconter nos rêves, qu'ils soient nocturnes ou éveillés ? Avons-nous eu le droit de réclamer ce qui nous faisait envie ? D'envisager les études qui nous attiraient ? Hélas, on laisse rarement les enfants se poser ouvertement et librement la question de leur désir. Prenons leur orientation professionnelle : les laissons-nous envisager toutes les possibilités ou leur rabaissons-nous le caquet avec des phrases définitives ? Photographe ? Il n'y a pas de travail. Cosmonaute ? Tu n'es pas assez bon en maths. Chasseuse de papillons ? Et puis quoi encore ! Au lieu de les accompagner dans leur questionnement, qui évoluera au cours de leur enfance, nous refermons le couvercle, sous prétexte qu'il faut avoir les pieds sur terre dès les classes primaires. Que leur transmettons-nous sous couvert de réalisme ? Non seulement qu'ils ne doivent pas rêver, tâtonner, mais qu'ils ne doivent pas se tromper. Et donc ne rien risquer. C'est ainsi que l'on engendre des générations de jeunes qui mettent un mouchoir sur leurs aspirations. Quand le réalisateur Cyril Dion est venu présenter à des lycéens son dernier film *Demain*, un documentaire qui expose les expériences innovantes un peu partout dans le monde afin de protéger la planète, il a enjoint les élèves enthousiastes devant ces initiatives de tout mettre en œuvre dans leur vie pour ne pas renoncer à leurs idéaux. Il entend encore ce cri du cœur de jeunes qui n'ont pas atteint dix-huit ans : « Mais, monsieur, on ne fait pas ce qu'on veut dans la vie ! »

Les enfants finissent par reprendre à leur compte les renoncements et par brider eux-mêmes toute velléité, comme l'écrit la philosophe Michella Marzano dans son livre *Légère comme un papillon*[1] : « Ne rêve pas ! me disait mon père quand j'étais enfant. Et que j'osais encore en faire à ma tête, sans lui demander chaque fois la permission. Un courage que j'ai peu à peu perdu. Ne rêve pas ! C'est moi qui ai commencé petit à petit à me le répéter. » À l'inverse, Wim Wenders a eu beaucoup de chance : il s'est engagé dans des études de médecine, comme son père, pour se rendre compte qu'elles ne lui convenaient pas. Lorsque le futur cinéaste va voir ce dernier pour lui annoncer sur un ton piteux qu'il souhaite abandonner médecine pour intégrer les Beaux-Arts, le père éclate de rire : « Je m'en doutais depuis le début, mais j'attendais que tu le découvres par toi-même[2] ! » Une attitude doublement respectueuse, qui laisse au fils le choix de son orientation, et celui du bon moment pour s'y engager.

Vocation et passion

Les notions de vocation et de passion sont intéressantes à examiner ici, étant considérées comme les garantes d'un désir à l'œuvre. La première nous assurerait d'une vie toute tracée : je sais ce que je veux depuis que j'ai cinq ans, ce sera médecin, ébéniste, reporter ou rien ! Elle nous ouvrirait la voie royale, notre conviction nous allégeant des poids du choix et du tâtonnement. Pourtant, même ceux chez qui se dessine très tôt une envie forte n'éviteront jamais la mise à l'épreuve de leur dite vocation. Ces dernières évoluent, se modifient en cours de route, se précisent à l'épreuve de leur

1. Grasset, 2012.
2. *Le Journal du dimanche*, 13 décembre 2015.

réalité: de nombreuses actrices ont d'abord rêvé d'être danseuses, à l'instar de Nathalie Baye et Isabelle Carré, avant de poursuivre leur carrière artistique différemment, au théâtre et au cinéma, et de s'en trouver heureuses. Pour sa part, la cantatrice Nathalie Dessay se voyait comédienne, mais en se rendant compte que sa voix remportait plus de succès que son jeu, elle a bifurqué vers l'art lyrique. Ce que nous enseignent ces parcours? Que la vie n'est que surprise et réajustement permanent, que le désir est souple et mobile, à condition de n'être pas empêché par trop de raideur et de certitudes.

La passion est un autre fantasme de notre époque. Elle ne cesse d'être vantée, flattée, les passionnés auraient une dimension supplémentaire, et bien entendu plus de désirs que les autres. Mais nous ne fonctionnons pas tous de la même manière: certains foncent dans la vie avec un appétit d'ogre, quand d'autres picorent de-ci de-là à différents étals. Il y a des sprinteurs et des marathoniens, des hommes qui ont le goût d'entreprendre, d'autres qui sont d'incorrigibles rêveurs… sans aucune envie de se corriger! Cela ne signifie pas que les premiers soient plus désirants que les seconds, mais que chacun doit trouver et emprunter le chemin correspondant à son tempérament. Dans une interview à la sortie de son film *Je compte sur vous,* qui raconte l'histoire d'un homme accro à l'arnaque, l'acteur et cinéaste Pascal Elbé dynamite ces notions de vocation et de passion. Le journaliste lui demande à quoi il est lui-même accro: pas à grand-chose, répond Elbé. Il aime le sport, mais ne regarde pas tous les matchs, il aime la musique, mais ne va pas à tous les concerts. D'ailleurs, en classe, il était moyen, rien ne le passionnait et en matière de cinéma, petit, il aimait surtout les films de Bruce Lee! Il faut une certaine liberté pour ne pas se sentir obligé, comme beaucoup, de dire avec des trémolos dans la voix qu'on est tombé dans la marmite du cinéma dès l'âge de cinq ans... Ce qui n'empêche nullement ce comédien d'enchaîner aujourd'hui les films de qualité, et d'être passé à la réalisation.

Désir ou caprice?

Comment le mot désir résonne-t-il en nous ? L'assimile-t-on à une volonté ou a-t-il une connotation capricieuse? Car si chaque signifiant, chaque mot possède un sens « officiel » – son signifié –, il recouvre également d'autres signifiés qui nous sont propres, fruits de nos interprétations et de nos inconscients, de notre histoire personnelle. Le terme « désir », ainsi, induira une infinité de sens différents selon chacun. Qu'avons-nous entendu quand nous étions enfants? « Ne réclame pas, tu n'auras rien », sous-entendu : ton désir n'est pas légitime, voire il est inconvenant, comme le transmettait une éducation bourgeoise, un milieu où souvent le seul mot de « désir » était à peine prononçable car teinté de grossièreté. Était-il prononcé avec des yeux gourmands ou sur un ton effrayé? Qu'en avons-nous compris, retenu? À partir de là, de ces compréhensions et associations personnelles, s'instaure une chaîne de sens qui à notre insu organisera nos ressentis et nos attitudes. Dans certaines familles, désir égale « danger » ou « faillite », comme chez cet homme, animé de mille désirs, qui montait avec enthousiasme des entreprises, lesquelles capotaient les unes après les autres, les plongeant lui et ses proches dans la précarité. Il répétait par là, et sans d'abord faire le lien, le mythe d'un ancêtre dont les passions sexuelles et le tempérament fantasque auraient liquidé un patrimoine sagement acquis par ses pères, une légende qui l'avait impressionné dans sa jeunesse. Ou encore « désir » fait-il écho à « divorce », à l'instar de cette femme qui a vu partir sa grand-mère avec une autre femme, et dont l'entourage répétait avec horreur qu'elle s'était perdue faute d'avoir su contrôler ses appétits ? C'est bien souvent par rapport à ces sens qui nous échappent que nous nous autoriserons ou pas à écouter nos désirs, que nous aurons l'audace ou pas de les suivre. Même ceux qui affirment haut et fort – trop haut et trop fort ? – être affranchis de leur milieu familial sont parfois retenus par des résistances inconscientes, plus fidèles à ce milieu qu'ils ne le pensent.

Les répétitions d'une génération à l'autre

Il n'est pas évident de briser les chaînes névrotiques qui relient les membres d'une famille et entravent le désir durant plusieurs générations. C'est ainsi que l'on assiste à la répétition de destinées malheureuses : réussir sa vie, choisir ce qui nous fait envie serait renier inconsciemment ceux qui, avant nous, ont vécu dans le renoncement, ce serait trahir en quelque sorte la destinée familiale, remettre en cause sa définition tacite. Casser la fatalité – et briser l'idole parentale – peut être confusément ressenti comme impossible ou trop douloureux, voire dangereux, même quand en toute conscience on revendique ce droit à l'infidélité, comme cette femme qui claironne depuis l'enfance qu'elle désire fonder une grande famille. Elle ne veut pas faire comme sa mère qui a eu un enfant toute seule, ni comme sa grand-mère, fille-mère dans un village qui l'a rejetée. Et puis, « comme par hasard », elle a recours à l'insémination artificielle à l'étranger pour avoir un bébé, faute d'avoir rencontré à temps un père potentiel. Autre époque, autres mœurs, mais un même résultat : trois générations de femmes qui ont élevé leur enfant sans homme à leur côté.

Vis mes désirs !

Les projections conscientes et inconscientes que nous faisons sur nos enfants sont incessantes. Cela n'a rien de dramatique, et ils ont d'ailleurs besoin pour se construire de nous voir croire en leur potentiel, de nous sentir rêver pour eux. De là à leur imposer nos rêves et leur indiquer la seule route à suivre, il y a un pas à ne pas franchir. Quel est le poids de nos attentes à leur égard ? Espérons-nous que peut-être ils réparent nos échecs ? Qu'ils fassent mieux que nous ? Ce profil se rencontre souvent dans le milieu sportif, où les parents se transforment en coaches, entraînant sans relâche leur enfant pour décrocher les médailles qu'ils n'ont jamais gagnées. Mais nos enfants n'ont pas à prendre en charge nos ambitions ravalées, ils ne sont jamais le simple prolongement de nous-même. Projeter et s'investir à travers eux est encore une façon inavouée, accompagnée de dégâts parfois terribles, de ne pas interroger nos désirs. Car si à quarante ans j'ai peu de chance de devenir champion du monde de tennis ou prix Nobel de mathématiques – surtout si je ne suis pas un scientifique –, j'ai sans doute des envies plus accessibles, peut-être quelques frustrations à reconnaître, des possibilités en tout cas de réviser certains choix. Sauf à avoir la terreur de reconsidérer sa vie et préférer s'oublier dans celle de son enfant, quitte à étouffer ses préférences à lui.

Ne me dépasse pas

À l'inverse, certains parents sont tétanisés à l'idée que leur enfant pourrait faire mieux qu'eux. Ils veulent garder le pouvoir, demeurer les géants indépassables. Cela explique en partie que des chefs d'entreprise aient tant de mal à passer la main, reprochant à leur progéniture de ne pas être à la hauteur, tout en se débrouillant à leur insu pour qu'elle ne puisse pas faire ses preuves. On voit cette logique à l'œuvre dans la famille Le Pen, où nous avons été les spectateurs d'une tragédie familiale, celle d'un père qui veut « tuer » sa fille. Il l'a faite, puis défaite en pleine ascension, allant même jusqu'à lui refuser de continuer à porter son nom ! Dans un système clanique organisé autour du patriarche, il ne veut pas abdiquer ni céder la première place, préférant saboter le parti plutôt que le voir continuer sans lui. De nombreux pères et mères tentent ainsi de fermer la porte du succès derrière eux, dévalorisant ou niant ce que leurs descendants feront et réussiront. Ces questions sont d'ailleurs intéressantes à se poser : mes parents attendaient-ils quelque chose de moi ? Comment l'ai-je vécu, y ai-je répondu ? Leurs éventuelles attentes ou l'absence d'attentes m'ont-elles porté ou empêché ? Comment vivaient-ils mes succès ? Yann Queffélec parle avec humour et émotion des relations qu'il a entretenues avec son père, dans *L'Homme de ma vie*[1], ou plutôt que son père a refusé de nouer avec lui. Il le fusillait du regard dès qu'il le croisait dans un couloir, jamais un mot tendre, jamais un compliment, toute l'admiration étant dévolue à son fils aîné. Pire : les réussites du petit Yann qui aurait pu porter ombrage à l'idole étaient dénigrées, moquées par le père. Ce qui ne l'a pas empêché de devenir un écrivain reconnu.

1. Éditions Guérin, 2015.

Le jour où il a le prix Goncourt pour *Les Noces barbares,* il sort dans la rue, trouve une cabine téléphonique – la plus pourrie, précise-t-il – pour l'annoncer tout contrit à son père, tétanisé par la réaction qu'il prévoit hostile. Seule réponse du géniteur exaspéré et méprisant : « Je le sais, la femme de ménage me l'a dit. » Henri Queffélec, le père, était lui-même romancier, auteur d'une soixantaine d'ouvrages. Il n'a jamais supporté le succès de son fils, jetant à peine un œil à ses livres, admettant qu'il en était jaloux. Cette interdiction parentale à faire plus et mieux – une mesure évidemment relative et subjective – n'est pas toujours aussi explicite, ainsi que le raconte le philosophe Frédéric Lenoir. Lui a longtemps vécu sous le regard de son père, craignant de lui déplaire. « Pour compliquer les choses, j'avais reçu de mon père, toujours inconsciemment, une injonction paradoxale, qui bloquait ma propre réussite sociale : "Sois quelqu'un d'important, mais ne me dépasse pas"[1]. »

Slalomer avec le code

Le petit enfant ne hiérarchise pas ses vouloirs : il veut tout, tout de suite, ou il fait un malheur ! Il éprouve ainsi sa toute-puissance, vérifie si le monde tourne bien autour de lui. Et très vite, avant même qu'il acquière le langage, ses envies ainsi exprimées sont taxées de caprices, un reproche qui poursuit encore nombre de petits devenus grands. Toutefois, quelque chose de son désir s'exprime là, qui sera à entendre et à prendre en compte, tout en le tempérant. Il revient à l'adulte de modérer ses ardeurs, de lui apprendre à formuler

1. *La Puissance de la joie*, Fayard, 2015.

ses envies, à les négocier, à se les voir aussi refuser : non, ce n'est pas le bon moment, ou ce n'est pas pour toi, ou bien attends ton tour. À moins que l'adulte ne supporte aucune résistance… et que ce soit lui qui soit dans la toute-puissance. On assistera alors à une mise à l'épreuve incessante et éreintante des pouvoirs de chacun, qui risque de générer à terme un climat de violence.

Tout parent doit accompagner la fougue de son enfant, lui donner les clés pour que son désir puisse s'exprimer. Nous ne pouvons pas laisser notre enfant livré à lui-même, ni bâillonner systématiquement son désir, ou le limiter sans cesse. Certaines éducations écrasent toutes les envies, quand d'autres accèdent sans nuances à toutes les demandes : dans les deux cas, l'enfant ne parviendra pas à devenir un sujet désirant, libre, entreprenant. Le rôle du parent est de lui apprendre le code, toujours quelque peu contraignant, pour faire entendre son message, son désir, et que celui-ci puisse aboutir. Cela commence par les « s'il te plaît » et « merci », dont l'enfant comprend très vite qu'ils sont des sésames précieux s'il veut obtenir une douceur. Apparemment, Paul n'a pas reçu cette éducation… Il brigue un poste d'enseignant dans une école artistique qui lui demande de présenter de nombreux travaux. Mais quand il arrive devant la commission de recrutement, il n'a que deux œuvres sous son bras et bien sûr se fait refouler : il n'a pas pris en compte la seule règle imposée. Même s'il est toujours possible – parfois souhaitable – de contourner le code ou de l'assouplir pour y apporter sa touche personnelle, refuser les règles du jeu tout en voulant l'incorporer nous mettra forcément sur la touche. À moins que cette attitude pose la question de la réelle motivation de Paul ? Avait-il dans le fond si envie de ce poste ? Pourtant, il arriverait plus facilement à identifier ce qu'il désire réellement en allant au bout de sa démarche, quitte à changer ensuite de chemin.

Il n'y a pas de fatalité

Le contexte social dans lequel on grandit impose ses diktats, son lot de directives plus ou moins rigides, selon que l'on vit sous le ciel de France ou en Arabie Saoudite. Il est bien plus difficile de réfléchir librement à nos désirs dans certaines parties du globe, notamment quand on est une femme. Ce qui n'empêche pas certaines de continuer, malgré les interdictions, d'aller au hammam ou d'écouter de la musique : on ne tue pas le désir si facilement, il trouve les brèches par où se faufiler. Ce que met magnifiquement en images le film *Timbuktu*[1] réalisé par Abderrahmabe Sissako où, sous le joug des intégristes, des élans de révolte et des gestes d'insoumission ponctuent le quotidien. Chez nous, si l'éducation joue son rôle, essentiel et primordial, gardons-nous cependant de toute idée de fatalité quand celle-ci a ses ratés – ce qui ne manque jamais… Dans une fratrie, chacun suit une route différente, la partie n'est jamais jouée ! Nous pouvons avoir vécu dans les pires conditions et trouver les ressources pour assumer et vivre nos désirs. L'acteur Tomar Sisley a raconté son enfance malheureuse, la disparition de son père sans explication quand il avait cinq ans. Il reste à Berlin avec sa mère, qui ne s'occupait guère de lui. Arrivé à dix-neuf ans à Paris avec l'idée de faire du théâtre, il essuie les remarques dédaigneuses d'une professeur d'art dramatique

1. Sorti en 2014.

qui lui assure qu'il ne deviendra jamais acteur. Ce qui aurait pu le mettre à terre lui a donné une force incroyable pour parvenir à percer dans ce métier. Et l'on pourrait multiplier les cas d'adultes qui ont pris leur revanche sur leurs années de souffrance durant l'enfance. Ainsi, Juliette Greco n'était pas vraiment aimée par sa mère, une femme plus intéressée par ses amours et ses engagements politiques que par ses enfants. Lorsque celle-ci est arrêtée puis déportée pendant la Deuxième Guerre mondiale, Juliette a à peine quinze ans, elle doit se débrouiller tant bien que mal pour survivre pendant la captivité et l'absence de sa mère. Au retour des camps, la jeune fille se précipite à l'hôtel Lutetia pour la chercher. Sa mère l'accueille froidement et lui demande : « Où est Antoinette ? » Sa première question est pour réclamer des nouvelles de son amante, plus importante que sa propre fille. La chanteuse reconnaît qu'elle a cherché cet amour manquant toute sa vie dans les yeux de son public.

C'est encore le cas de la romancière Jeanette Winterson, plongée dans la violence dès sa plus tendre enfance et qui y a puisé une énergie hors du commun. Ses conditions de vie, d'éducation n'auraient jamais dû lui permettre de prétendre à devenir écrivain, et pourtant… Elle estime même que ce terreau a nourri sans aucun doute sa créativité, lui a donné l'envie de combattre et de se singulariser. Elle a osé quitter un « nous » rassurant pour conquérir un monde qui n'était pas le sien. Certes, elle n'est pas sortie indemne de cette éducation chaotique – elle a des difficultés dans sa vie sentimentale, des doutes et des souffrances qui la rattrapent –, mais n'a jamais cédé sur son désir d'écriture, conquis envers et contre tout ce qui faisait son univers.

6
Le désir piégé

Elle n'est pas facile, parce qu'elle se tient debout.

Leo Ferré, à propos de Catherine Ribero

Si l'accès au désir peut être entravé par les conditions sociales et familiales, la différence des sexes joue également sa partition. Aujourd'hui, encore et toujours, le désir d'un homme de conduire sa vie comme il l'entend paraît plus légitime que celui d'une femme. Il faut bien reconnaître que l'on revient de loin…

Piégés par deux mille ans d'histoire

Pendant longtemps, l'horizon de vie d'une femme fut de dénicher au plus vite un mari, lui donner des enfants et tenir la maison. Hors de cette trajectoire, point ou peu de salut. Si elle n'était pas heureuse, elle n'avait pas d'autres solutions que de supporter son sort, privée de moyens de s'en aller, à commencer par les moyens financiers. Dans un tel contexte, le désir féminin n'avait guère de place pour s'exprimer pleinement et surtout pas de façon tonitruante; même s'il a toujours existé des femmes émancipées, elles étaient largement minoritaires et pointées du doigt. Il n'y a pas si longtemps encore – cinquante ans, des broutilles! – une femme n'avait pas le droit d'ouvrir un compte en banque ni d'accepter un travail sans l'autorisation de son mari.

Pièges conscients et inconscients

Bien sûr, nous avons fait depuis du chemin, la majorité des femmes travaillent, ont la possibilité de quitter une vie qui ne leur convient plus. Elles sont nombreuses à occuper désormais des postes de pouvoir, à choisir de poursuivre leurs études, où elles réussissent même souvent mieux que leurs camarades masculins. Pour autant, elles se heurtent encore et toujours à un certain plafond de verre. Dès que l'on grimpe dans la hiérarchie, le nombre de femmes diminue radicalement. Les raisons? Elles sont multiples et ne relèvent pas toutes de leur inhibition personnelle, comme on se plaît trop souvent à le dire. Le monde du travail est toujours très machiste: une jeune femme travaillant dans un groupe d'audit témoigne qu'elle est souvent appelée «ma petite» ou «ma belle», alors qu'elle n'a jamais entendu les collègues masculins de son âge appelés «mon petit»... On ne reviendra pas ici sur les différences de salaire, que rien ne justifie, sinon la difficulté à reconnaître pleinement l'égalité de compétences. Les freins inconscients jouent aussi leur rôle: c'est souvent la femme qui à son insu en rabat sur ses prétentions. Son ambition s'accorde-t-elle avec son identité sexuelle, avec ce qu'inconsciemment elle associe à la féminité – sa discrétion par exemple – et dont pourtant en toute conscience elle se défend ? Si elle obtient un poste élevé, ne va-t-elle pas faire fuir les hommes ? Si elle dirige une équipe, continuera-t-on à la trouver féminine ?

Le piège de la culpabilité

Ajoutons que, lorsque la femme est en couple, c'est elle qui assume majoritairement les tâches ménagères et la charge des enfants : une fois la journée de travail terminée, elle enchaîne avec les courses, bataillant pour trouver une heure réservée au sport ou à boire un verre avec une copine. L'inégalité sociale joue là encore son rôle : celle qui en a les moyens peut faire appel à des aides ménagères, commande ses courses sur internet et parvient à trouver le temps de se consacrer à ce qu'elle aime. Les autres choisissent parfois d'arrêter de travailler pour cesser de courir du matin au soir – leur salaire étant englouti par les frais de garde de leurs enfants – et elles mettent alors en péril leur indépendance, clé essentielle pour écouter et suivre son désir. Les hommes se posent moins ce genre de questions : ils se déchargent volontiers sur leur compagne – qui l'accepte – des tâches qu'ils n'aiment guère, se réservent les bons moments passés avec les enfants, mais seulement quand leur travail le leur permet. Les femmes sont encore souvent retenues par une culpabilité irrationnelle, non justifiée en tout cas, à s'écouter elles-mêmes, au profit de la prise en charge de l'autre, enfant ou compagnon. Une culpabilité à suivre leur ambition professionnelle au détriment de leur vie personnelle qui n'étouffe pas les hommes, même si la situation semble évoluer favorablement, notamment dans les nouvelles générations. Les jeunes hommes sont en effet de plus en plus nombreux à désirer une qualité de vie de famille, tandis que les jeunes femmes entendent bien mener des carrières qui leur plaisent. Allez, nous sommes sur la bonne voie!

Le piège de la douceur féminine

Toutefois, les femmes sont encore très nombreuses à se draper dans des vertus dites féminines, sans se rendre compte qu'elles se rognent elles-mêmes les ailes. Nous l'avons vu: pour suivre ses désirs, il ne faut pas avoir peur de les imposer, de repousser certaines demandes, au risque de déplaire. Et c'est là souvent que le bât blesse. La frilosité féminine se niche parfois dans les détails, à l'instar de cette femme qui fulminait parce que son mari ne voulait jamais s'arrêter sur l'autoroute. Sauf qu'au lieu de dire «j'ai envie d'un café», elle s'en remettait à lui: «Tu n'as pas envie d'un café?» Si l'homme déclinait la proposition, faisant habilement semblant de ne pas comprendre la demande, et poursuivait son chemin, madame bougonnait dans son coin: décidément, il se moque totalement de mon désir de café, si c'était lui qui en avait envie, il y a longtemps qu'on se serait arrêtés! Cette anecdote reflète une attitude très féminine de ne pas oser affirmer ses envies, établissant d'emblée une soumission à celles des hommes. Mais peut-être se déchargent-elles aussi de la responsabilité de les assumer? Obéir inconsciemment à une image supposée et stéréotypée de la femme est une façon d'assurer son identité, au lieu de s'exposer en sa qualité de sujet, forcément singulier. De même que revendiquer une fidélité proprement féminine – en opposition à l'infidélité intrinsèque des hommes – est «pratique» pour mettre sous cloche des désirs inconvenants et dérangeants, sans garantie aucune de les juguler.

Il existe un jeu de pouvoir incessant entre les humains, et tant que les femmes s'accrocheront à une image de douceur et de consensus, les batailles ne tourneront jamais à leur avantage, puisqu'elles partent vaincues d'avance.

Pour conquérir une vie désirante, elles vont devoir oser l'affrontement – pas en permanence bien sûr, il ne s'agit pas d'être sans cesse en guerre, mais de tenir bon sur ce qui leur tient à cœur. Et accepter, comme le disait Léo Ferré à propos de Catherine Ribero, de ne pas être toujours facile.

Le piège du guerrier

Bien qu'ils soient plus libres que les femmes – moins entravés en tout cas par des limites imaginaires induites par leur sexe – les hommes n'en sont pas moins piégés sur le chemin de leur désir par les injonctions sociétales, dès qu'ils ne prennent pas le sentier tracé par leurs ancêtres et n'obéissent pas à un ordre supposé du monde. Celui qui a le désir de mener une vie tranquille et préfère cultiver son jardin loin de toute compétition, prend le risque d'être considéré comme un looser. Son désir de tranquillité sera aussi difficile à faire entendre que celui de sa compagne à assumer son caractère conquérant. D'ailleurs, les femmes elles-mêmes seront les premières à lui reprocher son manque d'ambition ! Tandis qu'elles revendiquent des places au soleil, accusant les hommes d'être de gros machos, elles peuvent en même temps se plaindre qu'il n'y a plus d'homme digne de ce nom, réclamant comme un dû qu'il se montre un guerrier. Mais que faut-il entendre derrière ces reproches ? Une demande muette de prise en charge qui les épargnerait d'avoir à s'assumer elles-mêmes ? Une distribution traditionnelle des rôles – quoiqu'elles s'en défendent – qui leur assurerait un bon fonctionnement ensemble? Demande bien sûr vouée à l'échec.

Le piège de l'inné et de l'acquis

Ces attitudes inscrites dans les rôles sociaux depuis la nuit des temps, certains aimeraient les interpréter comme un déterminisme biologique. Ainsi, qu'en est-il de cette supposée douceur féminine? D'abord, nous n'avions pas vraiment remarqué la délicatesse d'une Margaret Thatcher, d'une Golda Meir – dont Ben Gourion se plaisait à dire qu'elle était le seul homme de son gouvernement – ou encore d'une Marine Le Pen. Sans parler de Catherine de Médicis, qui ordonna sans sourciller le massacre de la Saint-Barthélemy, éliminant trente mille protestants en une seule nuit: peut-on évoquer une douceur innée? Ensuite, si les petites filles ne se bagarrent pas dans les cours de récré, elles se battent à coups de phrases assassines, qui ne laissent pas de trace mais ne font pas moins de mal. Quant aux femmes plus bavardes que les hommes, elles disparaissent dès qu'il s'agit de prendre la parole en public... Mais qu'importe: ces clichés ont la vie dure et les scientifiques qui mettent à mal ces images rassurantes peinent à faire entendre un autre discours. C'est le cas de la neurobiologiste Catherine Vidal qui se bat depuis des années pour faire reconnaître l'extrême plasticité du cerveau, redistribuant les cartes immuables de l'inné. Elle a montré que les circuits neuronaux du cerveau évoluent toute la vie, suivant nos différentes expériences. Ainsi, quel que soit son sexe, le cerveau d'un pianiste ne ressemble pas au cerveau d'un footballeur, à cette remarque près que les filles sont évidemment plus souvent encouragées à faire de la musique et les garçons à taper dans un ballon. Mais quand ce n'est pas le cas, le cerveau d'un homme violoniste a bien plus de similitude avec le cerveau d'une femme musicienne qu'avec celui de son copain qui pratique la lutte ou le rugby. Si bon nombre de ses confrères applaudissent à cette découverte, qui met à mal la traditionnelle distinction entre cerveau droit et gauche, d'autres continuent, au mépris des données obtenues par IRM, à affirmer la thèse des différences sexuées inscrites dans le patrimoine. Eh oui, il est toujours difficile de déboulonner les préjugés, de se défaire de l'idée d'un monde stable où chacun aurait une place immuable. Certes, il existe des différences entre les hommes et les femmes, ne serait-ce que physiques, il serait vain de les nier, mais à quoi les utilisons-nous ? En quoi nous gouvernent-elles ? Ces clichés ont surtout un immense avantage : nous épargner toute progression, nous dédouaner de toute évolution, puisque c'est la nature qui décide pour nous.

Le piège de la tradition

Face aux bouleversements des rôles traditionnels, les hommes comme les femmes sont tentés par un retour en arrière, le fantasme d'un temps d'avant – où tout prétendument allait bien – étant plus rassurant que l'inconnu d'un lendemain, où tout est à inventer. Ils sont nombreux, Éric Zemmour en tête, à rêver haut et fort d'une réhabilitation des épouses soumises. Dans les cités, où les jeunes hommes voient leur avenir bouché, le machisme revient en force. Et les femmes se font aussi les gardiennes du temple, s'accrochent à la tradition, persuadées ainsi de s'assurer une vraie place, en rentrant à la maison ou en se voilant des pieds à la tête. Ce sont elles au premier chef qui organisent l'excision et font subir à leur fillette la violence qu'elles ont subie elles-mêmes et qu'elles s'échinent à légitimer. Le système traditionnel offre une visibilité – même peu réjouissante – et des habitudes si éprouvées qu'il est difficile à faire sauter, et qu'elles préfèrent le justifier plutôt que le remettre en question en considérant qu'il pourrait en être autrement. Nous en revenons à cette notion d'identité qui offre une place, ingrate certes, mais une place quand même, sous peine – croit-on – de n'être reconnu(e) nulle part. Le problème? Le désir est étouffé, ses élans seront à brider sans cesse pour que s'incarne cette permanence imaginaire. Sans aller jusqu'à ces exemples extrêmes, des femmes qui travaillent, se revendiquent les égales des hommes, peuvent elles aussi se faire piéger par la perpétuation des coutumes. La question des tâches domestiques en est un bon exemple. Bien qu'elles bougonnent que l'homme ne fait jamais rien, dès qu'il veut bien mettre la main à la pâte, la proposition ne leur convient pas. Elles repassent derrière lui, soupirent que, si c'est pour mal le faire, autant qu'il s'abstienne. Mais tant qu'elles voudront garder la mainmise sur l'organisation familiale, rester les reines du foyer accrochées à la serpillière – car c'est un réel pouvoir qu'il s'agit là de lâcher! – elles auront du mal à identifier leurs désirs réels et à dégager du temps pour s'y consacrer aussi.

Le piège de l'éternel féminin

Méfions-nous encore de l'apologie de ce fameux féminin, façon habile de maintenir les femmes à une place – flatteuse – qui ne remet pas en question le monde tel qu'il va et paraît avoir toujours fonctionné. Sublime, forcément sublime, la femme? On n'a jamais autant vanté ses vertus: au travail, elle sait chercher le consensus, à la maison, elle est capable de gérer de multiples tâches, au lit, elle a la capacité d'une jouissance raffinée... Trop de pouvoir, trop de vertu est une façon de nier la singularité de chacune. Ce discours élogieux de la féminité non seulement devient menaçant et génère de l'agressivité, mais conforte les stéréotypes et les assigne à leur rôle ancestral: s'occuper des autres, être à l'écoute plutôt que se faire entendre, arrondir les angles plutôt que conquérir et tout secouer. De plus, si nous briguons l'égalité, pourquoi établir une supériorité d'un sexe sur l'autre? Contentons-nous de viser les mêmes droits, ce sera déjà une belle avancée!

Le piège de la passivité

Parce que dans l'acte sexuel l'homme pénètre la femme, cette donnée physiologique a autorisé beaucoup à légitimer la thèse d'une certaine passivité féminine, au lit comme dans la vie. Si l'homme est actif, c'est donc à lui qu'il revient de faire jouir la femme. Ces dernières sont d'ailleurs de plus en plus nombreuses à exiger le septième ciel comme un droit inaliénable, estimant que deux mille ans d'ennui et de soumission au lit doivent désormais se rattraper. Mais sous couvert d'un discours de libération, elles ne se rendent pas compte qu'elles remettent aux hommes les clés de leur jouissance! Sachant que, en matière de sexe, plus il y a une exigence de résultat, plus celui-ci s'éloigne... Beaucoup d'hommes se font piéger à ce jeu de dupes. Ils portent ce « devoir » comme une croix et se mettent eux aussi à avoir la migraine pour échapper à cette sexualité de rendement. D'autres placent leur virilité dans leur capacité à faire jouir leur partenaire, ou se sentent tenus de porter leur désir en bandoulière, pour donner raison aux femmes peu gourmandes qui soupirent que, décidément, les hommes ne pensent qu'à ça… Rappelons que le désir féminin n'est pas plus fragile que celui des hommes, qu'il est surtout appréhendé aujourd'hui encore avec réticence et qu'il donne lieu à des injonctions contradictoires. Une « vraie » femme doit aimer « ça », mais pas seulement penser à « ça », cette obsession étant l'apanage des hommes. Qu'elle avoue avoir parfois des fourmis dans le bas-ventre qui appelle l'acte sexuel dérange, la brutalité d'un désir sexuel impérieux – tel qu'il est accordé aux hommes – lui étant refusé. Et ce dernier, souvent le premier à se plaindre que madame n'est jamais partante pour une partie de jambes en l'air, s'offusquera d'une demande explicite et purement sexuelle. Ajoutons qu'au lit nous sommes bien plus ambivalent sur le concept de dominant et de dominé : pris dans cette dualité qui nous fait osciller entre aspiration à être sujet de son propre désir et celle d'être objet du désir de l'autre, des positions dont nous jouons et que nous alternons sans même en avoir conscience. On constate une tentative permanente de vouloir concilier l'inconciliable, nous n'en aurons jamais fini avec cette recherche qui nourrit notre désir. Sous la couette, certains hommes aiment les femmes passives, d'autres, celles qui prennent les commandes. Même variété chez les femmes qui n'ont pas toutes le fantasme de domination, préférences qui, de surcroît, changent selon les moments et les partenaires.

Le piège de la sainte mère

La bonne vieille dichotomie entre la maman et la putain n'est pas encore éteinte. « Une femme honnête n'a pas de plaisir », chantait Jean Ferrat, tandis que celle qui assume une multitude d'amants passe assez vite pour une « fieffée salope ». Ce qui nous amène à reconsidérer la place de mère, quasiment intouchable de nos jours encore. Ah ! la mama ! Combien sont-ils à l'évoquer avec des trémolos dans la voix ? Combien de grands hommes rendent hommage à leur génitrice ? Sans elle, assurent-ils, ils ne seraient jamais devenus ce qu'ils sont. Une reconnaissance sans doute sincère, et qui réjouit les foules en auréolant la femme assignée à la meilleure place, la seule en tout cas incontestable, celle de mère. Et pas n'importe quelle mère : celle qui s'est sacrifiée pour élever sa progéniture et la hisser jusqu'aux plus hautes sphères. Notons au passage que ce sont souvent les fils qui parlent de leur maman avec un air ému, les filles étant moins nombreuses à dire qu'elles doivent tout à la leur. Difficile pour une fille de gratifier les renoncements de sa mère, quand elle-même aspire à se réaliser, le « telle mère telle fille » devenant alors une menace.

Comme nous le notions dans un ouvrage précédent[1], la véritable émancipation des femmes réclamera de se débarrasser de l'idéal d'une maternité parfaite, et des qualités associées : dévouement, sacrifice, disponibilité, infinie compréhension… Elles pourront alors embrasser d'autres désirs, sans renoncer pour autant au plaisir de la maternité.

On voit bien la tension que crée cette injonction sourde et omniprésente d'être d'abord et surtout une mère, quand

1. Sophie Cadalen, Bernadette Costa-Prades, *op. cit.*

la femme a un job passionnant qui lui prend beaucoup de temps. Les bonnes âmes ne manqueront pas de susurrer dans son dos : franchement, je ne sais pas quand elle voit ses enfants, insinuant qu'un tel choix de vie et de carrière se paye forcément et que les enfants trinquent. Les femmes qui ont renoncé à leur ambition professionnelle sont les premières à relayer ce discours. Pourtant, celles qui aiment leur travail et leur vie de famille, si la culpabilité ne les entrave pas, parviennent à réguler leur calendrier. Elles passent peut-être moins de temps avec leur progéniture, mais quand elles sont là, elles en profitent, l'écoutent vraiment. Pas sûr qu'une mère qui soit dans le sacrifice fasse preuve de la même disponibilité, elle peut même être absente malgré son omniprésence physique. *La Vie domestique,* un film d'Isabelle Czajka[1], raconte l'ennui chez ces femmes qui ont décidé de quitter Paris pour une banlieue chic, laissant leur mari faire bouillir la marmite. Elles avaient des jobs qui les passionnaient, mais les ont lâchés pour permettre à leurs gamins de respirer le grand air et avoir le loisir d'organiser leurs goûters d'anniversaire. Sauf que l'une pleure sans arrêt sans savoir pourquoi, l'autre est fatiguée et dort toute la journée… Quant à l'héroïne, incarnée par Emmanuelle Devos, elle manque un rendez-vous important pour un travail convoité depuis longtemps, parce qu'elle n'a pas trouvé de nounou pour aller chercher ses enfants à la sortie de l'école. Le tableau de ces femmes à côté de leur vie, appliquées à donner le change – sans succès –, est glaçant, et l'on imagine sans peine que, si elles avaient continué à exercer leur profession, non seulement elles auraient été plus épanouies, mais elles

1. Sorti en 2013.

n'en auraient pas été moins bonnes mères, voire meilleures dans leur bien-être et leur cohérence. En revanche, certaines ont un réel désir de s'occuper à plein temps de leurs enfants, un désir qu'elles assument et qui les exposent à d'autres critiques : leurs copines les regarderont de haut, dans les dîners on les toisera avec un brin de mépris, elles n'ont forcément rien d'intéressant à raconter. Et si leur mari les quitte, elles y ont pensé ? Oui, mais ces choix se décident en couple, et sont l'objet de négociations qui n'ont rien de sordide ni forcément de conflictuel. Et la plupart, qui décident d'élever à plein temps leurs enfants, prévoient avec leur conjoint des solutions financières en amont, établissent un contrat en discutant sans tabou, évitent ainsi le risque de se retrouver « Gros-Jean comme devant », auraient dit nos grands-mères. Le psychanalyste Patrick Avrane souligne : « En France, nous nous méfions des contrats dès qu'il s'agit d'amour, y voyant une anticipation de la fin de la relation. Pourtant, quand nous prenons une assurance auto, cela ne veut pas dire que nous aurons obligatoirement un accident ! » Gardons-nous de ces deux écueils : celui de devoir être une « bonne » mère – « suffisamment bonne », comme le soulignait D. Winnicott est largement… suffisant ! – ni d'être mère seulement.

Le piège de la maternité

Persiste aujourd'hui l'idée, fort répandue, qu'il serait difficile, voire impossible, d'être tout à fait femme sans être mère. Sur ce sujet, force est de constater que nous sommes même revenus en arrière, balayant d'un trait de gomme les revendications de Simone de Beauvoir et des féministes des années 70 qui réclamaient le droit à réussir leur vie sans passer par la case de la maternité. Les jeunes femmes qui font montre d'une grande liberté commencent à s'inquiéter dès qu'elles entendent sonner le gong de fin de fécondité, gong que leur entourage amical et familial ne manque pas de rappeler! Elles se mettent alors à chercher un père potentiel pour leur futur enfant, sans même interroger leur désir intime d'être mère, quitte à jeter leur dévolu sur le premier qui accepte d'endosser le rôle. Et c'est ainsi que l'on voit des jeunes couples se défaire dès la naissance du premier enfant. Certes, les nuits sans sommeil ont toujours malmené les couples, le choc du passage de deux à trois est toujours un tournant à négocier. Mais ne peut-on voir dans cette promptitude à se séparer le fait que, dans le fond, rien ne prédisposait ce couple à durer, l'homme étant surtout là pour déposer sa petite graine et consacrer la femme devenue mère? Il n'est pas étonnant que nombre d'hommes prennent leurs jambes à leur cou dès qu'ils sentent une telle pression. Quant aux femmes qui ne peuvent ou ne veulent pas avoir d'enfant, elles sont vite jugées et cataloguées. Si on plaint les premières, on critique les secondes, des égoïstes forcément, qui ne pensent qu'à elles, et qui ont un problème. Mais pourquoi le désir d'enfant irait de soi? Certaines mères n'ont aucune patience, passent leur temps à se plaindre que leurs enfants sont un poids, n'ayant pas mesuré qu'effectivement ceux-ci demandent du temps et de l'attention. N'auraient-elles pas mieux fait de s'abstenir? S'épanouissent-elles vraiment dans ce rôle de mère? Où est-il écrit qu'il faut absolument enfanter? La génération des années 70 s'est battue pour avoir le droit d'avoir un enfant au moment choisi, celle d'aujourd'hui et de demain devra se battre pour jouir de la liberté de devenir mère, ou pas, sans subir d'opprobre. Les plus malmenées affirment de façon un peu trop péremptoire qu'il vaut mieux ne pas faire d'enfant dans ce monde où tout fout le camp. Comme toutes les positions trop revendiquées, celle-ci est également suspecte. Beaucoup de femmes admettent également que, si elles n'avaient pas rencontré l'homme avec lequel s'est révélé ce désir d'enfant, elles n'en auraient peut-être pas eu.

Un enfant à tout prix

D'autres en veulent un à tout prix, quitte à berner un amant de passage ou à faire appel à l'insémination artificielle faute de trouver le compagnon avec qui le concevoir et l'élever. Une jeune femme d'origine espagnole avait choisi de se faire inséminer à Barcelone, ayant ainsi l'impression d'avoir un enfant avec un Espagnol, même totalement inconnu. Elle a trouvé par ce biais un moyen d'être en paix avec son histoire, ses origines, ce donneur anonyme offrant une cohérence à son projet. L'enfant en passe-t-il forcément par le couple ? Ces pratiques ouvrent une brèche, suscitent une nouvelle réflexion. Certes, il est plus facile quand on élève un enfant de fonctionner en trinôme qu'en binôme, mais dans certains couples, la mère ne fait aucune place au père, tandis que certaines mères seules, conscientes du danger de fusion, ouvrent grand leur porte aux frères, aux copains, aux oncles. Et puis, n'est-ce pas plus respectueux de recourir à un don anonyme que de faire un enfant dans le dos à un homme qui n'en veut pas ? De le prendre en otage de son désir ? La femme qui agit ainsi pestera ensuite contre la démission de ce partenaire à qui elle n'a pas demandé son avis… D'autres assument sereinement leur désir d'enfant, ne réclament rien, leur envie est si forte qu'elle balaie toutes les réticences – position bien différente de celle qui consiste à revendiquer un enfant. Car où sont le droit et le devoir dans cette aventure ? La vie ne nous offre aucun droit, c'est bien là son côté impitoyable. Plus tard, cette mère pourra dire à son enfant « je te voulais tellement », propos qui le dégagera de toute dette, tandis que celle qui soupire « je t'ai tout sacrifié » enfermera le sien dans une culpabilité dont il lui sera difficile de se dégager. Que cherchent-elles, ces femmes qui font tout pour avoir un enfant – si ce n'est à réaliser un désir pleinement assumé ? À combler leur solitude ? À donner un sens à leur vie ? À valider leur féminité ? Grâce à son statut de mère, la femme peut croire qu'elle détiendra enfin ce phallus imaginaire que peut représenter l'enfant – ce qui ne consiste pas à posséder un pénis entre les jambes, mais à jouir d'un supposé pouvoir et de sa reconnaissance.

Le piège des phallus imaginaires

Le problème de ces phallus imaginaires est qu'ils sont fragiles, très fragiles, sans cesse menacés. Ainsi, quand l'homme a mis sa virilité entière dans son érection, que se passe-t-il le jour où son sexe est en berne ? Il se sent anéanti, au sens littéral du terme. Quand la femme a placé la toute-puissance de sa féminité dans la maternité, qu'arrive-t-il quand ses enfants partent ou lui renvoient une image de mère défaillante ? Elle s'écroule. Méditons sur la belle réflexion de Lucien Israël sur le sujet : « On peut réfléchir un instant à cet étrange métabolisme qui fait qu'un jour une femme devient mère. Que le fait d'une maternité, d'une gestation, d'un accouchement lui apporte une expérience de plus, pourquoi pas ? Mais pourquoi lui affecter à partir de ce moment-là une désignation autre que la désignation de femme, sinon pour camoufler, par cet accès à la dignité – et dans notre civilisation la maternité en est une – le retranchement, la ségrégation que l'on pratique à son égard, même si les mères n'y sont pour rien, une discrimination qui les désigne en quelque sorte comme retranchées du groupe des femmes ? Devenir mère, c'est perdre la féminité. » À nous draper dans des pouvoirs féminins ou masculins imaginaires, à les revendiquer comme constitutifs de notre identité, nous courons le risque qu'ils nous fassent défaut à tout moment. La féminité et la virilité ne se nichent pas dans ces images sociales et y adhérer ne les garantit pas. Chacun les incarne à sa manière, selon les désirs du moment, dans une mobilité qui les redéfinit sans cesse. Nos identités sexuelles se dessinent et slalooment entre nos différentes fonctions, aspirations, selon nos élans et nos contraintes, et personne ne peut dire à notre place si l'on se sent bien homme ou femme. Cessons donc de guetter dans le regard de l'autre l'assurance d'être bien celui ou celle qu'il faudrait être, soyons plutôt à l'écoute de ce qu'à l'instant on se sent être. Un ressenti toujours juste de n'être que le mien, et qui n'en passe pas obligatoirement par un rôle à tenir ou un uniforme à porter.

7
Le désir de l'amour

On n'est pas maître de son cœur.

Marivaux

Aimer et être aimé est sans doute l'expérience qui nous donne plus que tout le sentiment d'être vivant. Toutefois, cet amour auquel nous aspirons peut être source de malentendus et déchaîner nos contradictions. La confusion commence dès que l'autre, que l'on désire rencontrer un jour, est imaginé en adéquation parfaite avec soi, une perle rare qu'il s'agira – mais où ? – de dégoter.

Cherche moitié d'orange

Il existe un mythe qui suppose l'existence d'un individu fait pour nous, rien que pour nous. Cette fable d'une moitié qui nous compléterait a traversé les siècles avec une belle constance. Ainsi, dans *Le Banquet* de Platon, Aristophane conte cette histoire. Jadis, les hommes ressemblaient à des sphères, munis de quatre jambes et quatre bras, leur permettant de se déplacer avec une rapidité inouïe. Cette aisance leur donna l'audace un jour de défier les dieux de l'Olympe. Furieux, ces derniers, en guise de punition, les coupèrent en deux, les condamnant à rechercher désespérément leur moitié pour retrouver leur unité perdue. Si ce mythe est présent dans de nombreux récits, et sous différentes formes, c'est qu'il nous rassure sur l'existence possible d'une personne capable de combler nos manques, avec laquelle l'emboîtement serait parfait. Avec lui, avec elle, plus de déconvenue possible… Après tout, où est le problème ? Ne connaissons-nous pas des couples bien assortis, qui semblent atteindre cette perfection ? En quoi nous trompons-nous en aspirant à ce partenaire idéal ? Parce que cette rencontre-là est statique et définitive, elle induit que deux personnes seraient faites l'une pour l'autre une fois pour toutes. Comment accompagner et accepter, dès lors, une quelconque évolution de la relation ? Or nous changerons sans cesse, sous l'effet des événements et de la vie qui de toute façon n'est que mouvement, même infime. En restant accrochés à l'idée d'un couple qui ne serait qu'un emboîtement de deux pièces d'un puzzle, nous occultons la question du temps, de notre mobilité, bref, tout ce qui fait de nous des êtres vivants. Dans un couple, même le plus harmonieux, rien n'est jamais acquis pour toujours, nous allons y revenir longuement dans le chapitre suivant.

Un jeu, sans trop d'enjeu…

Où trouver l'amour ? Il n'est pas toujours aisé de faire des rencontres, dès que l'on a passé l'âge des bandes qui se mélangent joyeusement – si bande nous avons jamais fréquentées ! Bien sûr, il y a le hasard, l'amour au coin de la rue, le club de sport, le copain célibataire présenté par l'entourage, lequel, contre toute attente, fait palpiter notre cœur, sous les regards réjouis des amis qui ont misé sur l'idylle. Mais avouons que c'est bien rare... De nos jours, les sites de rencontres ont détrôné les agences matrimoniales, avec le même objectif : mettre en lien des personnes aux profils compatibles. Certains rechignent, car il n'est pas facile d'avouer être en demande d'amour, quête susceptible de réactiver des blessures passées, un sentiment d'échec ou d'infériorité. Faut-il pour autant y voir un marché de dupes, un repère de cœurs brisés ou de névrosés ? Ces arguments ressemblent bien souvent à une stratégie d'évitement, car assumer un désir de rencontre nécessite de se débarrasser de l'image flatteuse qu'on aimerait donner de soi, à savoir une personne forcément désirée, qui n'a pas à s'abaisser pour signifier sa disponibilité. Refuser de se rendre sur ces sites, quels que soient les arguments et leur validité, traduit pour certains une peur plus inconsciente et plus profonde, à commencer par celle d'être rejeté, méprisé. Un risque que l'on préfère ne pas courir, tandis que rester en dehors du jeu de l'amour et du hasard permet de laisser planer le doute et de ménager son fantasme de la rencontre idéale... Pourtant, il ne s'agit que d'un outil aux résultats incertains, et tout dépend de l'utilisation que nous allons en faire. L'erreur à éviter ? Avoir pour objectif, sérieux et volontaire, d'y trouver l'amour avec un grand A, alors qu'il faudrait envisager ce sytème comme un moyen parmi d'autres de multiplier les occasions de rencontres. Mieux vaut le prendre avec légèreté, comme un jeu, dans les deux sens du terme : un moyen ludique, mais aussi le jeu dont on parle en mécanique, c'est-à-dire un espace à ménager pour ne pas figer d'emblée deux pièces à ajuster. Un jeu qui, s'il ne nous amuse pas un tant soit peu, est à abandonner sans hésitation. Si nous restons curieux et ouverts, sans dramatiser, certaines rencontres pourront se transformer en amitié, d'autres en aventure sans lendemain, avec parfois le mérite de nous redonner le goût de séduire. Et puis, oui, peut-être rencontrerons-nous un homme ou une femme avec lesquels nous aurons envie de tenter l'aventure de l'amour.

Moustachu, s'abstenir !

Les plus réticents mettent également en avant l'aspect dégradant d'un casting trop serré, qu'ils jugent peu romantique. Mais qu'ils se rassurent ! Ce n'est pas parce que le logiciel va mettre en équation un goût prononcé pour le voyage et une passion pour les timbres ou la cuisine exotique que la rencontre sera forcément fructueuse. Sur le papier, tout nous assure que nous devrions nous entendre, mais une fois face à face au café, le sourire qui m'avait tant plu sur la photo me paraît bien figé, la façon d'interpeller le serveur me heurte, le rire est trop haut perché, les mains trop moites. Tabler uniquement sur des affinités ne garantit rien, car l'attraction entre deux êtres restera toujours mystérieuse, quelles que soient les circonstances qui les ont mis face à face. Des « étrangetés », des différences entre l'autre et moi se révéleront et allumeront, ou pas, la flamme du désir. De même, des exigences trop prononcées seront souvent éliminées par un désir qui balaiera joyeusement les préjugés. Ainsi, cette femme avait pris le soin de préciser sur sa fiche qu'elle détestait les moustachus. Lors d'une première rencontre, elle a discuté avec un homme qui lui plaisait beaucoup, avant de s'apercevoir au bout de deux heures qu'il arborait de belles bacchantes! Cet homme n'avait pas tenu compte de ses réserves et il a bien fait, car le couple dure depuis deux ans. Pas plus que cette femme ne s'était découragée face à un homme qui souhaitait rencontrer une femme mince. Elle s'est rendue au rendez-vous avec un large sourire et un décolleté pigeonnant, que son interlocuteur a trouvé particulièrement sexy, sans se soucier qu'elle ne réponde pas au critère de minceur. Ce que soulignent ces exemples ? Que les sélections basées d'abord essentiellement sur le physique, qui sur les sites paraissent obligatoires et essentielles, n'empêcheront pas les surprises et facéties du désir. Même si nous sommes loin de ressembler à Brad Pitt ou à Vanessa Paradis, quels que soient nos critères revendiqués, le désir, s'il est là, nous rendra l'un pour l'autre irrésistibles.

Au secours, il me plaît trop !

Ces offres, qui semblent répondre à des demandes très précises, n'empêcheront pas que surgisse de l'imprévisible, où le désir parviendra à se faufiler. À condition bien sûr de ne pas refuser, souvent malgré soi, cette déstabilisation. Un indice que le désir est bien présent ? La résistance que nous lui opposons : « hou là là, il n'est pas du tout mon genre », « ça tombe vraiment mal, je suis surbooké », « il est trop beau pour moi, trop sympa, qu'est-ce que ça cache ? ». Au lieu de nous réjouir de ressentir de l'émoi, nous voilà à freiner des quatre fers. Ces trois pas en avant, deux pas en arrière racontent toujours le combat qui se mène à l'intérieur de nous, la dernière bataille à livrer avant d'abdiquer, le nombre de pas et d'allers-retours entre frein et élan variant selon chaque individu. L'amour reste toujours, au final, un abandon de nos certitudes et de nos maîtrises. Cette bataille entre désir et résistance à ce désir se manifeste encore dans les maladresses que nous accumulons malgré nous. Nous nous voulions spirituels ? Nous ne sortons que des banalités affligeantes, en bafouillant qui plus est ! Nous tentons de donner l'apparence d'une femme sûre d'elle et de ses gestes, et nous renversons notre verre de vin sur la table. Lors d'un dîner au restaurant, une jeune femme, très impressionnée par un homme, ne s'est pas rendu compte qu'elle croquait allègrement dans un piment. Résultat, sa langue a doublé de volume et elle s'est retrouvée aux urgences, belle métaphore d'un désir trop brûlant ! La perte de contrôle est toujours de bon augure, signe que l'autre nous intéresse réellement, au-delà de toute « raison raisonnable », tandis que, lorsque nous conservons la maîtrise de la situation, il n'est pas certain que le désir soit là.

Des tentatives pour organiser le chaos

L'amour naissant bouscule allègrement nos repères. Hélas, comme nous l'avons vu depuis le début de cet ouvrage, nous n'aimons guère être dérangés dans nos certitudes, ni nous en remettre aux élans d'un inconscient qui nous tient plus que nous le tenons… Pour tenter d'organiser le chaos, nous donner l'illusion de le dominer, nous nous en référerons à la science. Voilà qui tombe bien, les dernières recherches médicales viennent, croyons-nous, nous soulager du mystère de l'amour, qui ne serait qu'alchimie hormonale. L'attrait entre deux partenaires relèverait essentiellement de la complémentarité de leur patrimoine génétique, attraction destinée à assurer la survie de l'espèce. Évidemment, un amour qui n'est dicté que par cet impératif de reproduction ne dure pas, mais la nature ne se laisse pas abattre, et les chercheurs sortent une autre carte de leur manche. Quand les effets de la foudre s'estompent, l'ocytocine, cette hormone productrice de bien-être qui se libère quand notre amoureux nous embrasse ou nous prend dans ses bras, prend le relais. Les experts ne manquent pas d'en conclure – bien souvent compte tenu de leurs déboires personnels – que l'amour ne dure que deux ans ou que tous les couples traversent une crise au bout de sept ans, ou neuf ans, selon les théories. Mais bien sûr, pensons-nous tout bas, voilà pourquoi mon histoire commence à battre de l'aile ! Nos mouvements du cœur sont inscrits et prévisibles, puisque communs à toute l'humanité, ouf, nous voilà moins seuls ! Et dédouanés de toute responsabilité dans les ratés ou essoufflements de nos amours. Si ces théories rencontrent un tel succès, c'est que nous y retrouvons bien sûr les intermittences de nos élans amoureux : non, le désir n'est pas constant, bien sûr, le sentiment connaît des hauts et des bas, est-ce pour autant que tous les humains aiment de la même manière et au même rythme ? Ce n'est pas ce que nous remarquons autour de nous. Si le coup de foudre n'est réservé qu'aux femmes en période d'ovulation, ou si la formation d'un couple ne s'appuie que sur la compatibilité génétique, comment expliquer que nous tombons amoureux jusqu'à la fin de notre vie, que certains vivent une passion en dehors de tout projet d'enfant ? En fait, cette fatalité biologique ne sert qu'à alimenter un fantasme de maîtrise. Tomber amoureux implique de renoncer à une certaine toute-puissance, nous n'y sommes pas toujours prêts et préférons caresser l'idée, même sombre et pessimiste, que ces statistiques disent vrai. Malheureusement, elles finissent par devenir prédictives et provoquer ce que nous attendons de pied ferme. Quel dommage de préférer la fatalité planifiée au risque de l'amour ! Certes, il semble plus facile de le rencontrer à vingt ans qu'une fois la cinquantaine dépassée, mais nous connaissons tous des hommes et des femmes qui tombent amoureux à cet âge, et qui peut-être aiment mieux et plus amplement, débarrassés qu'ils sont alors des complexes de la jeunesse. En revanche, si nous sommes persuadé que notre séduction s'est forcément envolée, si nous nous sommes résigné à tirer le rideau puisque les chiffres sont formels sur le sujet, il y a effectivement peu de chances que nous rencontrions l'amour, validant à notre tour ces foutues statistiques ! Ce qui peut-être nous arrange inconsciemment ?

Chaque aventure est unique

Le surgissement du sentiment tout comme le désamour échapperont toujours au bon sens et à la rationalité, voilà ce qu'il nous faut admettre. Quant à l'être élu de mon cœur, est-ce que je l'ai choisi parce qu'il dégage des phéromones, ou qu'il me rappelle mon professeur de philo dont j'étais folle amoureuse à seize ans, qu'il a un sourire irrésistible, qu'elle a la peau douce, un humour ravageur, que sais-je encore ? Ces résultats scientifiques, qui ne sont pas à dédaigner, restent muets sur nos élans, nos doutes, nos inquiétudes, ils n'évacuent pas nos ignorances. Ils mettent en équation un domaine qui se fiche des prévisions et des courbes, tout simplement parce que c'est l'inconscient, d'où surgit notre désir, qui mène la danse. Lui, qui décide que cet homme va faire palpiter mon cœur, alors qu'il ne correspond à aucun de mes critères consciemment exprimés. Lui qui explique encore que mon meilleur ami soit tombé amoureux d'une femme insignifiante à mes yeux. C'est lui enfin qui fait de nous des individus singuliers, ne cessant de contredire ce moule commun dont seraient issus les hommes d'un côté, les femmes de l'autre. En amour, même l'expérience nous sera de peu de secours, chaque aventure étant unique. Aucune passion ne nous prépare à affronter la suivante et, comme le chante si joliment Barbara, « à chaque fois, à chaque fois, c'est toujours la première fois, on refait le même chemin, en ne se souvenant de rien ».

Sans carte ni boussole

La rencontre s'aborde sans carte ni boussole, elle réclame de délaisser les manuels qui proposent des recettes pour séduire et s'attacher notre amoureux(se). Ces derniers occultent la participation – essentielle – de l'inconscient à nos élections, les ramenant à des tactiques systématiques que, avec de l'entraînement, nous pourrions maîtriser. Ces conseils peuvent même mener droit dans le mur, comme le raconte le délicieux petit livre *Manuel de chasse et de pêche à l'usage des filles*[1] de Melissa Bank. L'auteur y raconte avec beaucoup d'humour l'histoire d'une jeune fille amoureuse qui suit les conseils de ses amies pour attraper dans ses filets le garçon qui lui plaît. Elle les suit à la lettre, décommande les rendez-vous au dernier moment, fait tout pour se faire désirer, croit-elle. Résultat, le garçon en question lui écrit une longue lettre pour lui dire sa déception. Il déteste les filles qui font des chichis et préfère en rester là. La morale de l'histoire ? Mieux

1. Rivages, 1999.

vaut se lancer dans l'aventure avec sincérité, les stratégies étant vaines et même contre-productives, tandis que, lorsque nous sommes dans notre véritable désir, incertain de notre séduction mais sûr d'être séduit, nous devenons charmant. D'ailleurs, une fois débordé par le désir, par la pensée de l'autre, la feinte nous devient impossible et nous aurons beau nous dire qu'il faut attendre pour le ou la rappeler, au bout de deux heures, nous composerons fébrilement son numéro ! Bénabar a bien traduit cette valse-hésitation dans sa chanson « Vade retro, téléphone ». Il se retient d'appeler une femme avec qui il a passé une première nuit délicieuse car les spécialistes, qui se sont penchés sur la question, affirment qu'il faut faire « mariner » l'autre au moins trois jours – c'est le résultat de leurs calculs –, histoire de ne pas avoir l'air collant : « Faut pas que je l'appelle, pas que je l'appelle, pas encore, c'est trop court. Peut-être qu'un de ces jours, un de ces quatre matins, tu m'avoueras un peu gênée que t'osais pas m'appeler. » Hé oui, l'inconnu et le quiproquo surgissent et l'autre peut avoir lui aussi le portable à la main ! Le mieux n'est-il pas de se lancer « sans filet » ? Dès que nous suivons notre désir, dès que nous faisons preuve d'ouverture, que nous cédons à nos élans sans trop de précaution, nous en devenons attirant. Et s'il n'y a pas de répondant à ce désir, l'avoir exprimé sera moins dommageable que de l'avoir ravalé et de le regretter.

Un désir d'amour, vraiment ?

Le désir d'amour mérite lui aussi d'être examiné, tant il existe actuellement une véritable dictature sur le sujet, aimer et être en couple étant devenu une condition indispensable pour être heureux. L'entourage pense faire preuve de sollicitude en nous présentant des célibataires, en nous intimant de sortir plus souvent. Mais ai-je envie en ce moment d'être avec quelqu'un, de lui faire une place dans ma vie ? Gageons que sans ce désir, intime et singulier, de se lier à un autre, toutes les tentatives de rencontre se solderont par un échec. N'a-t-on pas également le droit de papillonner de bras en bras si telle est notre envie du moment ? Ou de profiter d'une tranquillité et d'une indépendance inédites et essentielles à ce moment de sa vie ? Où est-il inscrit que le bonheur ne se trouve que dans le couple bien installé ? Certains ne se sentent bien qu'avec un compagnon ou une compagne à leurs côtés, quand d'autres n'ont aucun désir de faire couple, de s'engager, en tout cas pas à toutes les périodes de leur vie. À l'inverse, d'autres sont si focalisés sur leur demande d'amour qu'ils en arrivent à se duper eux-mêmes. Ils s'interrogeront avec angoisse pour savoir s'ils ont réussi leur prestation, s'ils ont dit, fait et montré ce qu'il fallait, sans se préoccuper de rencontrer réellement l'autre, qui n'est qu'un pâle figurant à faire entrer à tout prix dans leur scénario bien ficelé. Certes, quand un homme ou une femme nous attire, nous faisons des projections, nous caressons le rêve de tenir le premier rôle d'une comédie romantique taillée à nos mesures. Souvenez-vous de la scène, dans *Marius et Jeannette,* le film de Robert Guédiguian[1], où Jeannette, alors qu'elle n'a aperçu Marius que deux fois, s'imagine courir vers lui sur la plage, cheveux au vent, et tournoyer en riant dans ses bras. Ces bluettes dont nous nous berçons n'ont rien de bien méchant – nous en rions souvent nous-même ! – puisqu'elles restent dans le champ du conscient et n'empêchent

1. Sorti en 1997.

pas l'amour de s'inviter dans la réalité autrement et malgré nous. En revanche, le fantasme va devenir aliénant s'il conditionne à notre insu nos actes et nos choix, s'il nous tient prisonniers d'un scénario auquel nous ne voulons déroger, que la réalité forcément malmènerait. Je voudrais rencontrer l'amour, mais comme « par hasard », je me débrouille pour faire capoter toutes mes rencontres. Ainsi, je suis assuré que rien ne bougera, que l'autre ne viendra pas réveiller une souffrance ancienne, ni bousculer l'image que j'ai de moi. La peur devient ici paralysante et empêcheuse, là où nous avons vu plus haut qu'elle marquait un recul momentané devant le désir qui frappe à la porte et auquel nous finirons par ouvrir en grand. Toujours dans le film de Guédiguian, Jeannette affirme à ses amies qu'elle a deux grands enfants, n'a plus l'âge d'aimer, ce serait ridicule… La scène suivante, elle a déjà rejoint Marius, entraînée vers lui par une force invisible qui a balayé ses réticences raisonnables. Face à son désir, sa volonté n'a pas pesé lourd bien longtemps.

Dépasser sa peur du vertige

Pour rencontrer l'amour, nous devrons nous affranchir de notre timidité, trouver l'audace de nous lancer et d'affronter le réel. Lorsque nous nous tenons au bord du plongeoir, il est un moment grisant où l'on pourrait redescendre l'échelle, mais où l'on choisit de s'élancer dans le vide, le cœur battant. Après, nous nous félicitons de notre courage. Montrer son intérêt à une personne relève du même défi : comment va-t-elle le prendre ? Impossible de le savoir avant d'avoir osé le premier pas. Oui, mais si je ne l'intéresse pas ? Eh bien, on en aura le cœur net. Peut-être que cette femme aura un accent épouvantable, elle qui avait l'air si élégante dans son tailleur couture. Peut-être que cet homme se révélera pétri de lieux communs et beaucoup moins intelligent qu'il ne paraissait. Méfions-nous au passage de celui qui assure, sourire carnassier aux lèvres : « J'aime les femmes ! » Est-ce une déclaration d'amour qui émeut ? Qui a envie d'appartenir à un grand troupeau indistinct de femelles ? Écoutons ce que Milan Kundera a écrit sur ce sujet[1] : « Et ces femmes, dans la piscine, représentaient justement la féminité dans ce qu'elle a d'universel. La féminité de l'enfantement, de l'allaitement, du dépérissement maternel. La féminité qui ricane à la pensée de cette seconde fugace où la femme croit être aimée et où elle a le sentiment d'être une inimitable individualité. Entre une femme qui est convaincue d'être unique, et les femmes qui ont revêtu le linceul de l'universelle destinée féminine, il n'y a pas de conciliation possible. » À chacune de choisir son camp…

La répétition malheureuse

Enfin, certains vont vers l'amour comme on monte sur l'échafaud. Malgré la souffrance occasionnée, ils se dirigent toujours vers les mêmes partenaires, qui vont les rendre assurément malheureux. Face à ces échecs répétés, ils optent pour des mécanismes de défense qui consistent à se morfondre ou à rejeter la faute sur l'autre, forcément incompétent, lâche, frivole. N'avons-nous réellement aucune part à ce systématisme ? L'autre est-il toujours le seul coupable ? La névrose nous pousse souvent à nous tirer nous-même une balle dans

1. *La Valse aux adieux.*, Gallimard, 1978. Traduction de François Kérel.

le pied. Apparemment, nous semblons jouer contre nous, apparemment seulement. Où est-ce que «ça» nous profite? Comment «ça» jouit d'être dans la dépendance ou d'être toujours celle que l'on ne choisit pas? Sans ce repérage de nos entreprises d'autosabotage, sans le courage de les affronter, il sera difficile d'agir, de cerner en quoi, dans le fond, le fait d'être déçu ou malheureux en amour nous serait inconsciemment préférable... Tant que la névrose s'imposera, nous serons hors raisonnement et il ne servira à rien de nous dire d'arrêter de courir après des hommes mariés ou des femmes égocentriques. Le psychiatre Christophe Fauré donne une belle métaphore du comportement névrotique: il le compare à une armure que nous aurions portée au Moyen Âge sur un champ de bataille, une protection alors adaptée pour se protéger des flèches et des lances. Mais quelques siècles plus tard, nous avons gardé la même tenue alors que nous crevons de chaud sous l'acier, que nous sommes incapable de courir et regardons avec envie ceux qui semblent gambader allègrement. Tout le travail de l'analyse consistera, non à se débarrasser de toute armure, mais à trouver une protection appropriée aux agressions subies: une chemise en coton plutôt qu'une cotte de mailles, un chapeau de paille plutôt qu'un casque à visière.

8
La valse des désirs

Je te demande de refuser ce que je t'offre, parce que c'est pas ça.

Jacques Lacan

Toute rencontre est celle de deux désirs, plus ou moins affirmés, qui vont dialoguer, se cogner, et composer l'un avec l'autre. C'est par cette circulation d'énergie, où deux sujets distincts se lient et s'affrontent, que l'amour peut se déployer, même si leurs objectifs diffèrent. Et si ceux-ci se rejoignent, les chemins empruntés pour les atteindre seront propres à chacun.

L'ère de la négociation

Plus les désirs sont assumés de part et d'autre, plus s'ouvrira un nouvel et vaste espace, qui sera celui de notre couple. Nous aurons des projets communs et des projets personnels, qui ne menaceront pas notre relation, mais l'enrichiront. Naturellement, le couple n'est pas le lieu de la liberté absolue, qui ferait fi de l'autre, et le respect des désirs de chacun en passera par des aménagements. Désormais, sans être pour autant conflictuelle, la négociation est devenue permanente, nous ne sommes plus à l'époque où les désirs féminins n'avaient pas droit d'existence, même si, nous venons de le voir, ils ont plus de mal à s'imposer. Peut-être d'ailleurs que le désir de l'un s'ajustera parfaitement avec celui de l'autre, ce qui aura inconsciemment décidé de notre élection réciproque. C'est le cas de cet homme qui a choisi de rester à la maison pour avoir le temps de se consacrer à sa peinture. Il prend en charge le quotidien, tandis que sa femme fait carrière. Cette répartition des rôles ne lui pèse pas, il adore faire à manger, s'occuper des enfants, tandis qu'elle n'a pas beaucoup de patience et surtout peu de goût pour ces tâches. Son rôle de mère n'est pas celui qu'elle préfère et, sans pour autant délaisser ses enfants auxquels elle consacre des temps choisis et appréciés, elle se réalise surtout au travail. Certes, tout ne se passe pas aussi bien et il faudra parfois en rabattre, attendre des moments plus favorables, réviser certains choix pour ne pas mettre en péril notre couple, mais en prenant bien garde de ne pas y sacrifier notre désir. Car, si je ne jouis pas moi-même de ce que j'entreprends, la jouissance de l'autre va m'être insupportable, ce qu'il désire et met en acte me renvoyant à mes manques. La seule façon de ne pas finir dans cette impasse – ô combien fréquente! – est de ne pas me perdre en chemin, de définir ce que l'un et l'autre voulons, pour envisager comment tricoter ensemble nos désirs. Ceux qui s'épanouissent au travail trouvent toujours une façon de s'organiser, ils parviennent à concilier leur vie privée et leur vie professionnelle, à condition que leur vie privée les intéresse… Bon nombre de personnes qui se plaignent de rentrer trop tard le soir ont-elles un réel désir de retrouver leur foyer ? Quand nous sommes heureux dans un secteur, que notre désir circule, les autres pans de notre vie en bénéficient et nous trouverons toujours l'organisation adéquate, évidemment à réajuster sans cesse. En revanche, la femme qui renonce à sa carrière finira par le faire payer à ses enfants, à son mari. Le choix que nous avons abandonné, à contrecœur, parce que celui de l'autre nous semblait plus légitime va forcément donner lieu un jour à des reproches. La situation est parfois plus complexe, comme le montre l'exemple de cette femme qui a souhaité cesser de travailler pour élever ses enfants. Elle a pris beaucoup de plaisir à s'occuper d'eux et à décorer sa maison ; mais aujourd'hui, dès que quelque chose ne va pas dans son couple, elle brandit ce choix comme s'il s'agissait d'un renoncement douloureux, réécrivant l'histoire après coup et se réfugiant derrière le paravent d'un supposé sacrifice que son mari n'avait en aucun cas exigé. Curieusement, renoncer d'emblée fait souvent moins peur que la négociation, qui suppose toujours l'affirmation de son propre désir et sa confrontation avec celui de l'autre. Nous nous complaisons dans des choix binaires, comme si nous ne pouvions pas réussir notre vie de couple *et* notre vie professionnelle, comme s'il était impossible d'avoir le beurre *et* l'argent du beurre ! Nous préférons raisonner sur le mode du *ou,* qui restreint terriblement notre marge de manœuvre. Il faut dire que nous ne sommes pas encouragés à vouloir davantage, incités à nous contenter de ce que – déjà ! – nous avons la chance d'avoir, et sommes les premiers à ravaler nos désirs, pour ensuite en faire porter la responsabilité à l'autre. C'est l'exemple de cet homme qui n'a pas embrassé une carrière de skipper dans des courses internationales, au motif que sa femme ne voulait pas qu'il parte six mois sur les mers. A priori, la coupable est toute désignée, c'est elle l'égoïste, qui finira d'ailleurs par le traiter de minable.

Mais pourquoi lui a-t-il obéi ? A-t-il préféré caresser le fantasme du grand navigateur qu'il aurait été si sa compagne ne l'avait pas cloué à quai ?

Respecter le désir de l'autre

Respecter la personne avec laquelle nous vivons, c'est respecter ce qui la distingue, ce qui l'anime, c'est ne pas craindre l'expression et la réalisation de ses désirs. Les couples qui vivent ces désirs comme une menace se mettent des bâtons dans les roues, au lieu de s'encourager mutuellement et d'évoluer ensemble. Certains hommes sont des inconditionnels de leur femme, tel Diego Rivera, qui a toujours poussé Frida Kahlo à exposer ses toiles. Tout comme l'artiste Jean Tinguely : il a lui aussi toujours soutenu sa femme Niki de Saint Phalle dans tous ses projets, même dans son édification d'un jardin de sculptures en Italie, une entreprise titanesque à laquelle personne ne croyait. Les désirs de chacun peuvent s'épanouir, à partir du moment où l'un n'enlève rien à l'autre, où rien ne se prend sur le dos de l'autre et qu'il s'agit, selon l'expression de Jacques Lacan, d'un « plus de jouir » dont les deux profitent. Dans ces couples d'artistes, aucun n'a cédé sur son désir.

Rends-moi heureux !

Malheureusement, cette équation n'est pas toujours la règle et, s'il est un lieu où la demande est extrême, c'est bien le couple. Elle devient pathologique quand nous réclamons à l'autre de tout prendre en charge : notre bonheur, notre réalisation, la confirmation de ce que nous croyons ou rêvons d'être, l'autre étant tenu de nous renvoyer une image idéale, comme le ferait le reflet d'un miroir complaisant.

Si la relation se résume à ce but – impossible à atteindre –, elle ne restera pas vivante bien longtemps. Bien sûr, nous avons des besoins d'affection, de présence, de soutien : le partenaire peut se charger de ce qui nous ennuie, le bricolage pour l'un, le remplissage de la feuille d'impôts pour l'autre ; mais ces besoins restent secondaires ; tandis que la demande de réparer ou de donner un sens à notre vie, elle, est incommensurable. Au lieu de nous laisser porter par l'étonnement et la perplexité qui faisaient le délice des premiers temps de la rencontre, nous nous figeons dans des attentes précises : « le couple, c'est comme ça que ça fonctionne », « tu devrais m'apporter ce qu'il me faut », sans bien savoir toujours ce que ce serait... Et de réclamer sans cesse des preuves de cet amour exigé comme un dû. Aucun partenaire, si amoureux soit-il, ne peut répondre à une demande aussi dévorante. L'autre nous doit-il quelque chose parce que nous l'aimons et qu'il nous aime ? Voilà une position bien autoritaire qui n'annonce rien de bon pour la suite. A-t-il la mission de nous rendre heureux là où nous n'arrivons pas à composer avec nous-même ? Le couple doit rester dégagé de toute notion d'utilité et d'obligations, hors celles que nous partagerons au quotidien ; il s'agit d'être « avec » l'autre, non de se situer sans cesse « par rapport à » l'autre, ou d'exister « grâce à » l'autre, au risque d'être aliéné, enchaîné. Nous ne devrions être liés que par le désir d'être toujours mieux ensemble.

Un autre problème encore de cette demande sans fond est qu'elle exclut d'emblée l'autre de la rencontre, lui assignant une place dont il ne peut se dégager, celle du sauveur. Il n'est vu qu'à travers sa capacité à me rassurer sur ma valeur. C'est tout le paradoxe d'un narcissisme défaillant: plus je doute, plus je manque de confiance en moi, plus je me place au centre d'un monde qui devrait s'organiser autour de mes manques. Comment mon amoureux peut-il parvenir à exister dans ce contexte? Qu'en est-il de ses désirs s'il est seulement – et ce n'est pas rien! – tenu de me rassurer? Certains passent leur vie de couple à tenter de satisfaire l'autre, sans se poser la seule question qui vaille: est-ce que mon partenaire m'intéresse encore et toujours? Et si je l'intéresse, est-ce que je me sens exister pleinement à ses côtés, ou est-ce que je me contente d'obéir à ses attentes? Répondre à la demande de l'autre plutôt que d'être sujet de son désir est une façon habile, et névrotique, de se préserver en attendant de savoir ce que l'autre veut de moi. C'est le « toi d'abord » des enfants, qui permet de différer ce que l'on souhaite réellement pour soi, de ne pas s'y engager.

Tu es la femme ou l'homme de ma vie

Méfions-nous encore de la formule « tu es la femme ou l'homme de ma vie » qui, si elle nous émeut, est un frein à notre mobilité. Cette notion se nourrit de l'illusion d'une garantie d'amour éternel – sans plus de questions, nous serions enfin arrivés au port. Cette injonction n'a rien de dynamique car elle véhicule un message pernicieux: « Attention, j'investis sur toi, j'espère que tu ne me décevras pas puisque tu es dans mon imaginaire celui ou celle qui me complète. » Il n'est pas si facile de refuser une telle valorisation... En accourant à cette place, en occupant ce rôle, nous sommes assuré d'avoir une certaine consistance, même si notre propre désir n'est pas convoqué, ce qui à terme peut se « payer » cher. Il faudrait préciser : « tu es la femme ou l'homme de ma vie d'aujourd'hui », déclaration intense et néanmoins dénuée de toute projection définitive. Quant à celui qui mise sur un partenaire providentiel qui le comblerait pour toujours, ne vaudrait-il pas mieux analyser cette fragilité qui le pousse à chercher un sauveur ? Pour vivre harmonieusement en couple, l'autre ne doit pas être ma béquille ni la condition exclusive de mon équilibre, mais une possibilité supplémentaire de m'épanouir. Il doit être la personne avec laquelle je me sens bien aujourd'hui, ici et maintenant, suffisamment heureux(se) pour faire le pari de demain, mais sans aucune garantie qu'il en sera de même après-demain. Pour que l'amour reste vivant, il est bon d'être toujours prêt à remettre son union en cause, de s'autoriser parfois l'éventualité d'une séparation, non pour la mettre en acte, mais pour mesurer la qualité de la relation. Pourquoi restons-nous ensemble : pour le crédit de la maison, les enfants à élever, l'incapacité à subvenir à nos besoins, la peur de la solitude ? Nous devrions ne jamais cesser de nous choisir encore et encore, sans redouter de nous demander si l'amour est encore de la partie. Contrairement à ce nous craignons, c'est en laissant la porte ouverte à un éventuel échec que nous en minimisons le risque. Certes, accepter la précarité de la relation est plus inconfortable que le « pour toujours » auquel nous voudrions nous accrocher, mais c'est aussi être bien plus vivant et mobile – et donc plus puissant. Un couple désirant n'est jamais arrivé à destination, il avance sans cesse.

Des demandes impossibles à satisfaire

Le couple est aussi le lieu où s'épanouit la demande muette, où chacun estime que les choses ne devraient pas avoir besoin d'être dites. La femme soupire: il devrait bien savoir que j'aime les fleurs, que j'attends un compliment... Un malentendu qui peut, bien qu'ils s'en plaignent, rassurer les deux partenaires: l'un continue de se réfugier derrière son mutisme, en n'exposant pas ses désirs, tandis que l'autre sait inconsciemment où se situe sa compagne: dans la permanence de cette attente, d'où il ne la perdra pas de vue. Les réclamations peuvent être énoncées haut et fort: «À cause de toi, on est toujours en retard, on ne s'amuse jamais...» Ces litanies, qui apparemment minent les partenaires, donnent en fait du sens au couple qui se sent exister à travers ce faisceau de contraintes croisées. Par quel mécanisme? L'un attend quelque chose que son partenaire n'arrive pas à lui fournir: il est forcément déçu, tandis que l'autre se sent coupable. Mais la situation laisse toujours en suspens une possibilité de rattrapage! Beaucoup de couples fonctionnent sur cette exigence rampante et névrotique: améliore-toi pour me rendre heureux. Que se passerait-il si soudain celui qui laisse toujours insatisfait cessait de faire des bourdes? L'autre essaierait désespérément de le remettre en faute car il a besoin de ce dysfonctionnement pour se situer. Et si par miracle le «fautif» apporte enfin ce que son partenaire attend de lui, eh bien celui-ci s'apercevra que «ce n'est pas ça», que personne ne peut soigner à sa place cette frustration qu'il imputait à l'autre. Quant à celui qui s'installe dans la posture du coupable, il aurait tout intérêt à questionner son éducation, véritable fabrique de culpabilité. En effet, un enfant peut se désoler de ne pas être l'enfant parfait qu'on attendait, sentiment plus ou moins prégnant selon l'attitude de ses parents. Conscients d'être décevants et ne sachant pas comment satisfaire leurs géniteurs, certains n'ont trouvé d'autre parade que d'accumuler les bêtises, façon de continuer à exister sur la scène familiale, de perpétuer un rôle bien éprouvé. Une fois adultes, ils conserveront ce fonctionnement et choisiront un partenaire qui le chargera de toutes les fautes, soulagés de retrouver ce regard désapprobateur au travers duquel ils se repèrent. L'air est connu, et même si la situation n'a rien d'agréable, elle est rassurante. Et les névroses sont bien gardées...

Je t'attends quelque part

Dans de nombreux couples, la question du désir – si elle a jamais existé – semble s'évaporer au fil du temps. Personne ne se prononce sur ses propres envies, n'interroge son partenaire, par angoisse d'une quelconque réponse. Chacun attend l'autre au tournant, rumine dans son coin : décidément, les hommes sont tous des égoïstes, les femmes donnent, donnent et n'ont rien en retour, tandis que monsieur se plaint de ne jamais être soutenu malgré ses prétendus efforts pour faire une belle vie à sa famille. Beaucoup s'enferment dans un reproche permanent, à l'instar de ce couple où madame ne supporte pas que monsieur soit investi dans son travail, tout en se plaignant qu'elle n'existe pas par elle-même. Où est passée l'émancipation qui permettrait à chacun de déployer ses talents, cette autorisation qu'il s'agit de s'accorder à soi-même sans attendre de permission ? La valse des désirs nécessite de réajuster sans cesse un équilibre, ce qui suppose de ne pas s'en remettre toujours à l'autre. On peut malheureusement passer sa vie à attendre cet autre à un endroit où il ne pourra jamais être. Ainsi, une maîtresse femme et son mari avaient trouvé un certain équilibre qui leur convenait à tous les deux, elle leader et lui bon suiveur, jusqu'au jour où la femme déclara en avoir assez de tout porter sur ses épaules. Elle a donc demandé à son conjoint de se charger dorénavant d'organiser leurs sorties. Tétanisé, le mari s'est mis à consulter fébrilement Internet à la recherche de spectacles pouvant contenter sa belle. Évidemment, se sentant attendu sur un terrain qu'il ne maîtrisait pas, et dont au départ il n'avait pas le goût, il ne faisait jamais le bon choix, ce qui la mettait en fureur. Mais pourquoi cette femme, très à l'aise dans son rôle de locomotive, a-t-elle soudain voulu modifier les règles? Pourquoi cet homme devrait-il changer soudain et la suivre sur ce registre, alors qu'il n'en a pas le talent et que depuis dix ans, il fonctionne autrement? Ayant compris qu'elle prenait tout en charge depuis son enfance, elle a décidé d'obliger l'autre au changement auquel elle aspire, sans se rendre compte qu'en exigeant cette nouvelle distribution, elle se comportait encore de façon très directive! N'aurait-il pas mieux valu qu'elle se retire d'elle-même et sans revendication de cette position? En n'occupant plus cette place, elle aurait peut-être ouvert des possibles insoupçonnés, l'autre sentant inconsciemment qu'un nouvel espace lui était accessible, sans attentes à la clé. Le désir se distingue de la demande, en ceci qu'il s'agit d'abord et surtout d'une négociation de soi à soi, qui ne s'en remet pas d'emblée à l'autre.

Autonomie et dépendance

Nous en revenons à cette notion de vide évoquée plus haut: notre conjoint n'a pas pour mission de le remplir, de même que nous n'avons pas la pleine responsabilité de son bonheur, ni du sens de sa vie.

Quand nous pouvons vivre sans l'autre, c'est à ce moment-là que nous devenons intéressants et désirables, et que nous apprécions réellement d'être *avec* l'autre. On l'écoute nous parler de son travail passionnant, on s'émeut à le voir vibrer de passer sa journée dans son atelier. Comment éprouver de l'attrait pour une personne dont on pense tout bas « mais que ferait-il sans moi ? » Naturellement, au sein d'un couple, on s'appuie l'un sur l'autre dans de nombreux domaines, on se répartit les rôles en fonction des affinités. Mais c'est toute la différence entre compter sur l'autre pour une tache qu'il maîtrise mieux et s'en remettre totalement à lui sans lequel on serait irrémédiablement perdu. Et s'il faut apprendre à changer un joint le jour venu, on s'en sortira, ou on fera appel à un plombier. Quand les rôles sont interchangeables, même au prix de quelques efforts, cela signifie qu'on n'est pas indispensable non plus… va-t-on le supporter ? La question de l'autonomie et de la dépendance se pose toujours dans le couple. L'autonomie est la capacité à tenir debout seul, à fonctionner sans s'en remettre à l'autre, ce qui n'empêche pas certaines dépendances qui seront à préciser et redéfinir sans cesse. Ce qui n'empêche pas non plus de tenir encore mieux *avec* l'autre. On peut être libre dans une forme de dépendance, puisque nous l'avons choisie, que le désir continue à circuler, même dans la mise en commun de certains biens. Ce n'est pas parce que nous avons acheté une maison ensemble que nous sommes certains de ne jamais nous séparer.

Mars et Vénus ? Une supercherie !

Les recettes pour rencontrer le grand amour ne manquent pas, mais celles qui promettent de faire durer l'amour sont plus nombreuses encore. Il existerait d'ailleurs un mode d'emploi infaillible pour qu'hommes et femmes puissent enfin vivre ensemble harmonieusement. Tel est le message de l'ouvrage de John Gray, *Les hommes viennent de Mars, les femmes de Vénus*[1]. La lecture de ce best-seller laisse pantois : les hommes y sont décrits comme des brutes épaisses, toujours prêts à rentrer dans leur grotte à la moindre contrariété, tandis que les femmes sont des niaises qui s'époumonent pour tenter de se faire entendre. Le livre nous propose de mieux connaître les différences sexuées, présentées comme innées, pour agir en conséquence et vivre dans le meilleur des mondes. Comment ? Grâce à des recettes qui consistent à manipuler l'autre pour qu'il se plie à nos demandes. Pas de panique : il suffit de le brosser dans le sens du poil afin d'obtenir ce que nous voulons… C'est tout le paradoxe de ce livre : après tout, si elles marchaient si bien, ces fameuses recettes, tous les couples qui l'ont lu – et ils sont nombreux ! – s'entendraient à merveille ! Au fait, à l'heure du mariage pour tous, comment font les couples du même sexe ? Ils ne devraient rencontrer aucun nuage puisqu'étant de la même planète et supposés fonctionner de la même manière. Et pourtant, ce n'est pas ce qu'ils disent ni ce qu'ils vivent… Ce manuel est la parfaite synthèse de tout ce qu'il faut bannir pour vivre harmonieusement nos désirs côte à côte, et pour pouvoir inventer ensemble de nouveaux chemins, écouter

1. Lire Sophie Cadalen, *Hommes, femmes, ni Mars, ni Vénus,* éditions Leduc, 2006.

vraiment ce que l'autre a à nous dire, donc commencer par laisser tomber préjugés et généralités sur les hommes et les femmes. Qui peut croire sérieusement qu'il existe un manuel pour aimer et être aimé toujours, en tout cas pour faire durer le couple[1] ? Et d'ailleurs, comment expliquer notre attirance pour cet homme-ci, si tous les individus de son sexe fonctionnent de la même manière ? Si ces clichés ont la vie dure, c'est une fois de plus parce qu'ils nous rassurent. La question de ce qui fait de nous un homme ou une femme est des plus déroutante pour l'être humain : en nous fournissant des réponses simples et précises, cette pseudo théorie apaise les deux sexes, peut-être particulièrement aujourd'hui, où les rôles sociaux tendent à brouiller les différences. Alors, oui, se laisser surprendre, réajuster sans cesse le tir paraît plus compliqué, mais s'avère nettement plus passionnant que de se réfugier derrière des stéréotypes qui nient la dimension inconsciente de l'amour. Chacun de nous est singulier, une singularité qui fait notre richesse, et le duo que nous formons est forcément unique. Mais cette singularité signe aussi ma solitude : mon partenaire, s'il est certain qu'il ne comprendra jamais tout à fait mes aspirations, pourra néanmoins les entendre. Et c'est de cette différence entre nous que mon désir et le sien circuleront et s'interpelleront sans cesse.

Un marché de dupes

Malheureusement, le couple s'enferme souvent dans des impasses et refuse inconsciemment de profiter de cet espace.

---

1. Sophie Cadalen, Sophie Guillou, *Tout pour plaire… et toujours célibataire*, Albin Michel, 2009.

Terrifiés par la liberté qu'octroie la position désirante, une liberté qu'ils jugent forcément menaçante, homme et femme s'emploient à se briser mutuellement les ailes. L'homme surveille sa femme, la foudroie du regard quand elle rit à gorge déployée ou qu'il la juge trop sexy, puis se plaint d'avoir une bobonne à la maison, qui a renoncé à tout désir de plaire et n'a plus envie de faire l'amour. Il peut aussi tenir un discours, sincère sur le droit des femmes à l'ambition professionnelle, et faire sentir à la sienne qu'elle manquerait aux enfants si elle s'investissait trop dans sa carrière. Quant à la femme, elle peut exiger de son mari qu'il endosse la panoplie de la sécurité, puis lui reprocher de ne pas être l'aventurier de ses rêves qui la décoiffe et la surprend sans cesse! De nombreux couples fonctionnent sur le reproche mutuel et permanent, qui leur évite de s'interroger sur eux-mêmes. L'autre est le prétexte à justifier tout ce qui ne va pas dans sa propre vie, une stratégie bien pratique pour se défausser et ne pas avoir à sonder ses propres désirs. Et quand il se décide enfin à abandonner la partie? Cela ne va pas non plus! Le ronchonneur a perdu sa raison principale de se plaindre, il n'a plus son bouc émissaire qui le dédouane des désirs qu'il n'arrive pas à assumer. Le jour où le dit bouc émissaire, lassé de servir de punching-ball, jette l'éponge, l'autre est furieux et se sent trahi. Il a souffert pendant des années et maintenant l'autre va commencer à être heureux sans lui? Notez que le conjoint en colère tient toujours le responsable de son malheur: l'ingrat qui, en plus, s'en va...

Se remettre en mouvement

Bousculer la partition de ce ballet trop bien réglé va forcément redistribuer les cartes. Beaucoup s'interrogent sur le divan : « Et si je change et que lui ne fasse rien ? » Mais, oui, commencez par changer ! S'extraire de cette demande supposée, faire ce fameux pas de côté enclenchera un mouvement qui, bien souvent inconsciemment, délogera notre partenaire de sa fixité. Au pire, s'il s'obstine dans une place mortifère, n'est-il pas temps de se sauver avant de se condamner avec lui ? Résister, esquiver, oser un mouvement inédit est un combat à mener, un peu comme au tennis quand il nous faut éliminer un mauvais geste, à l'automatisme si facile et au résultat désastreux. Nous nous connaissons tellement bien dans nos demandes respectives, nous sommes tellement rassurés de nous retrouver autour des sempiternels et mêmes reproches ! Quand nous décidons de tout remettre à plat, nous sommes désorientés et nous ne saurons plus jouer durant un certain temps.

Accepter la surprise

Nous passons notre temps à nous cogner à l'autre, qui n'est jamais là où on l'attend, et tant mieux ! L'amour est un quiproquo et un ratage inconscient, qui nous réserve des moments de grâces inattendus. Quoi qu'on dise, cela ne sera jamais exactement *ça,* comme l'illustre bien la phrase de Jacques Lacan : « je te demande de refuser ce que je t'offre parce que c'est pas *ça* », au sens où du *ça* se faufile toujours à notre insu. Plutôt que de nous lamenter sur le fait que notre partenaire a changé, qu'il n'est plus comme au premier jour, il faudrait s'en féliciter. C'est la preuve que notre couple est toujours vivant, qu'il ne s'est pas crispé sur ses savoirs et ses acquis. L'amour ne consiste pas à s'enferrer dans du prévisible, mais à créer du lien entre deux êtres toujours différents. Ce sentiment irrégulier, chaotique, ne se laisse pas enfermer dans une cage. Quand on vit ensemble depuis longtemps, on peut passer à côté de l'autre pendant plusieurs jours, parce que très absorbés ailleurs, puis soudain, on regarde notre partenaire et l'on se dit qu'elle est charmante en train de repeindre le plafond, qu'il est sexy en train de cuisiner notre plat préféré. Un brusque élan de tendresse vient nous bousculer, nous donner une furieuse envie de l'embrasser, nous rappelant qu'on a encore à cheminer ensemble.

Le couple, c'est du sérieux !

Ce qui plombe le couple assurément est d'être vu comme le tombeau de la récréation. La coutume de l'« enterrement de la vie de garçon », rejoint désormais par l'« enterrement de la vie de jeune fille » montre bien que l'on considère le couple comme une entreprise sérieuse : finies les virées arrosées avec les copains et les copines, la légèreté, place au sacrifice et aux corvées ! On comprend alors que l'ennui s'installe en catimini, notre ça n'y trouvant pas son compte de transgression et de plaisir. Être en couple, est-ce renoncer à toute jouissance, est-ce se résigner à une vie d'où tout désir devrait être exclu ou du moins retenu ? Dans ce contexte, il n'est guère étonnant que la plupart des couples se plaignent de ne plus avoir de désir sexuel au bout de quelques années, ce désir se nourrissant de tout ce qui nous excite et nous réjouit hors de la chambre à coucher.

Le sexe et l'amour, un accord à trouver

Ce désir sexuel envolé fait les choux gras de la presse féminine. Il est clair que la dimension amoureuse et la dimension sexuelle ont toujours du mal à cohabiter. Autrefois, l'affaire était entendue : il y avait d'un côté la mère des enfants, respectable, avec laquelle on s'ennuyait au lit, et la maîtresse pour se divertir, ce dilemme trouvant sa résolution dans l'adultère bourgeois. Pour pouvoir jouir au lit, il ne faut pas être trop encombré par la notion de respect, ni trop tenir à nos identités : plus les amoureux sont attachés à ces notions, plus ils sont précautionneux, plus ils ont peur de s'abîmer dans des turpitudes indignes de leurs sentiments, moins ils sont désirants et désirables. Les femmes sont coincées elles aussi dans cette tension, n'osant pas demander sexuellement des fantaisies qui risqueraient d'écorcher l'image qu'elles se font d'elles-mêmes, et qui peut-être choqueraient leur partenaire. Pour qui va-t-il me prendre ? Très vite, la « légitime » n'osera plus se montrer crue ou entreprenante. L'atonie sexuelle trouve sa source dans cette difficulté à concilier les élans nobles du cœur et la pulsion du désir sexuel. Dans notre imaginaire, l'amour est raffiné, il nous élève, tandis que le désir ne cesse de nous ramener au corps et sa trivialité, de nous surprendre, avec des envies insoupçonnées qui parfois nous assaillent, cela en dépit de toute intelligence. Ce qui explique que bien des hommes et des femmes ne trouvent leur félicité sexuelle que dans les bras de partenaires dont ils ne sont pas amoureux, façon de perpétuer cette dissociation entre l'aimé(e) honorable et l'amant(e) dont on jouira sans retenue ni engagement. Alors que ce qui nous excite trouve sa source dans le mystère de l'autre, le mystère de soi, nous ne cessons de vouloir mettre un couvercle sur l'émergence de ces parts inconnues, bordant nos désirs de peur d'être surpris, nous étonnant par la suite de plonger dans l'ennui... La rencontre sexuelle outrepasse cette retenue. Bien sûr, le temps passant, nous ne serons plus désirants comme aux débuts de la rencontre, où le frémissement était permanent. Nous allons devoir repérer ce qui, facilement et insidieusement, étoufferait nos désirs, être à l'écoute de ce qui nous excite et qui varie au fil du temps. Prenons le soir où nous sommes sur le point de nous endormir et puis... une soudaine envie de faire l'amour surgit. Souvent et c'est bien dommage, la crainte d'essuyer un refus va nous retenir. Effectivement, l'autre peut se tourner vers le mur parce qu'il est fatigué ou qu'il n'a pas envie, mais est-ce si grave? Si nous prenions la situation comme une partie de cache-cache au lieu d'y voir immédiatement un rejet de notre personne? Quant à celui qui est sollicité, il peut se forcer, au motif que l'autre risque de penser qu'il n'a plus envie de lui, d'elle, ce qui ne donne jamais de très bons résultats. Ou il peut aussi se laisser entraîner sur la pente d'un désir contagieux, malgré sa paresse...

Un duo bien rodé

Dans un couple peut très vite s'installer un duo bien rodé sous la couette, avec une distribution des rôles entre un demandeur qui réclame son dû, une sexualité qui serait le ciment du couple, et un demandé, qui le lui refuse ou ne l'accorde qu'avec parcimonie. Les places ne bougent pas, on croit savoir lequel a un problème: celui dont le désir est poussif. Mais le demandeur en a-t-il tant que ça, du désir? Et s'il voulait juste formuler la demande et s'assurer du refus attendu ? Imaginons qu'il ou elle dise oui… C'est le scénario du film *Le Septième Ciel*[1], interprété par Vincent Lindon et Sandrine Kiberlain. Le couple est en crise, madame s'ennuie au lit. Elle suit des séances d'hypnose et, soudain, c'est la révélation de l'orgasme ! Le mari devrait être ravi, or il ne l'est pas du tout. Ce soudain plaisir de sa compagne le déstabilise totalement. Elle n'est plus la femme qu'il croyait connaître et donc maîtriser, même au prix d'une certaine frustration.

Dans la configuration demandeur/demandé, le premier va souvent menacer d'aller voir ailleurs si le second ne fait pas d'effort. De quel ailleurs parle-t-il ? Si la menace est utilisée comme une tactique, gageons qu'elle restera sans effet : pour ébranler cette partition, pour que la donne change vraiment, il faut qu'il y ait un *réel désir* d'ailleurs. C'est lui qui nous rend désirable et désirant, et il n'a rien à voir avec la volonté de susciter l'inquiétude chez l'autre, dont nous continuerons de dépendre en guettant ses réactions. Il est vain de vouloir attiser la jalousie sur un mode calculé et volontaire, l'autre n'en sera pas dupe. Cette attitude le rassurerait même : le partenaire n'a pas bougé de sa place, de laquelle il menace et continue d'attendre, pas de raison pour lui d'en changer non plus. Que va-t-il se passer dans un couple quand l'un quitte ce scénario immuable, confortable sur un plan névrotique pour les deux parties, même si elles y perdent beaucoup ? En brisant le consensus, l'autre étonne, échappe et en devient effectivement désirable. Bien sûr, quand ce désir passe à l'acte, il va falloir s'affranchir de la culpabilité qu'une infidélité génère, affronter la peur de

1. De Benoît Jacquot.

ne pas savoir où cette aventure va mener et le chaos qu'elle va provoquer, mais il est toujours salvateur de bousculer un ordre des choses figé depuis des années, en prenant le risque d'ouvrir – telle une entaille dans une surface lisse – un espace où le désir pourra à nouveau se faufiler. Quand l'un bouge, l'autre bouge aussi…

Les recettes pour booster le désir

La démarche qui consiste à trouver des clés pour rameuter son désir est antinomique en soi, car comment le convoquer de façon volontaire? Là encore, nous ne manquons pas de gourou pour nous souffler des méthodes qui rallumeraient la flamme vacillante. Dans cette mouvance, le tantra connaît aujourd'hui un regain de succès. S'il s'agit d'une autre manière de se retrouver au lit, d'enrichir sa palette sensuelle, pourquoi pas? Les plus curieux viennent y chercher une façon de jouir mieux, plus longtemps, sans emballage spirituel. Malheureusement, beaucoup de couples se rendent à ces stages comme de bons élèves, rassurés par le lieu défini et les horaires précisés, sauf que la dimension singulière de chacun n'y est guère prise en compte. Ces approches n'ont souvent rien de transgressif, non pas au sens d'être hors la loi, mais d'oser sa loi à soi, qui change sans cesse. Il est certain que le couple installé qui a sa chambre, ses moments réservés pour faire l'amour, doit batailler pour maintenir un désir qui se nourrit toujours d'une certaine transgression, même si elle n'a rien de spectaculaire. Par exemple faire l'amour l'après-midi, parce que exceptionnellement ni l'un ni l'autre ne travaillent ce jour-là, peut être délicieux, si l'on évite de programmer les galipettes chaque lundi après-midi, faisant d'une situation inédite, une règle… On peut faire l'amour le soir, alors qu'on prend un avion à l'aube, et se réveiller bien plus en forme que si l'on avait obéi à notre raison qui nous intimait l'ordre de dormir. Nous ne cesserons de le répéter : le désir se faufile toujours derrière un « ce n'est pas très raisonnable, mais… ».

La jouissance sur ordonnance

Dans la sexualité, nous avons tous à trouver ce qui nous met en extase : la stimulation clitoridienne plutôt que la pénétration, ou l'inverse, ou les deux, ou selon le partenaire ou le moment… La masturbation, longtemps interdite, est devenue un incontournable, une belle façon de remplacer une idée reçue par une autre, une injonction par une autre injonction. N'est-il pas plus palpitant de tenter de trouver le meilleur moyen de jouir ensemble plutôt que se comparer aux voisins ? Une comparaison d'ailleurs impossible… Un dessin de Voutch illustre bien la nouvelle dictature de l'orgasme tonitruant. Un homme est en train de se rhabiller, la femme est toujours dans le lit, ils viennent de faire l'amour. L'homme a probablement demandé, sur un ton un peu inquiet, des commentaires sur sa prestation, et la femme de répondre : « Oui, Bernard, j'ai eu un orgasme. Mais par honnêteté, je dois également préciser qu'il s'agissait d'un orgasme de type "Bernard"[1]. »

Bien qu'il n'y ait pas de pratiques obligées, nous passons pourtant notre temps à nous rassurer avec des normes, à ravaler nos audaces – sauf celles qui sont répertoriées et

1. Voutch, *Personne n'est tout blanc*, Le Cherche Midi, 2007.

conseillées – à brider l'expression de notre désir singulier. Il est toujours étonnant d'entendre une personne affirmer : « moi, je me connais sexuellement, je sais comment je fonctionne, je vais lui dire exactement ce qu'il faut qu'il fasse. » Mais si rien ne distingue un partenaire d'un autre, où se situe la rencontre ? Que se passe-t-il entre cette femme qui exige d'office telles pratiques ou cet homme qui vit sa sexualité comme un impératif proche de la vidange ? Comment laisser advenir le débordement, ce moment magique où l'on se défait de soi-même ? La sexualité se vit pleinement quand nous n'abordons pas cette aventure comme une affaire résolue une fois pour toutes. Quant à la femme qui a tendance à se barder de certitudes – il faut dire que le temps où on lui rabâchait « ce n'est pas très important pour vous, madame » n'est pas si éloigné – aujourd'hui, pas question pour elle de laisser passer le graal de l'orgasme ! Mais que fait-elle des propositions de son partenaire ? Chaque relation apporte son lot de surprises. Le plus passionnant est d'aller vers des zones où nous ne serons plus maître de la situation. La sexualité n'est pas une pure mécanique des corps, qui se réduirait à une prouesse ; pour autant, elle ne relève pas du seul intellect non plus, au risque qu'il ne se passe rien d'intéressant. C'est une troisième voie, à mi-chemin des deux et traversée d'inconscient, que nous avons à explorer. Notre tête ne gère plus le processus, on se tient au bord d'une fin, si bien exprimée par la notion de « petite mort ». Dans l'orgasme, quelque chose de soi se dissout, plus fort et impérieux que le désir de plaire. À ce moment précis, l'autre nous échappe, son visage n'est plus tout à fait reconnaissable, on ne se fait jamais complètement à cette soudaine étrangeté, inquiétante, dérangeante. Il ne faut pas non plus nier la teneur agressive de l'acte sexuel, égoïste, où l'on peut être prêt à mordre si l'on n'atteint pas l'orgasme quand la jouissance est proche. Admettre cet aspect peu gracieux peut en effrayer certains.

Le désir d'enfant

Nous l'avons déjà évoqué, mais il nous semble bon d'y revenir dans ce chapitre. Dès que nous sommes en couple, a fortiori si l'on a dépassé la trentaine, la question revient en boucle dans l'entourage. Alors, quand allez-vous faire des enfants ? Il faudra jongler entre la pression sociale et la demande des proches. Certains se sentent piégés par leurs parents qui les somment de les faire devenir grands-parents, afin d'inscrire le nom dans la lignée ou de leur donner des petits enfants à chouchouter. Mais leur temps n'est pas forcément le nôtre et, là encore, l'inconscient dominera. S'il n'est pas prêt à ce projet, il le fait entendre en refusant la grossesse, expliquant bien des infertilités qui ne relèvent pas d'une raison médicale. Il y a encore ceux qui attendent d'avoir assez d'argent, une maison, un CDI… autant de motifs qui expriment une résistance, voire une ambivalence, car le désir d'enfant n'a rien de simple. On sort d'une soirée chez des amis, nouveaux parents épuisés, et on sautille sur le trottoir, léger de n'avoir aucune contrainte, savourant sa liberté, quitte une semaine plus tard à regarder avec envie un couple béat devant son nouveau-né. Ce désir sera toujours à interroger de soi à soi, tant il vient percuter de plein fouet l'idée que nous nous faisons du couple, de la famille depuis notre enfance. Sans parler du désir qui s'éveille au contact de tel ou tel partenaire, défiant les lois d'une envie prétendument évidente et purement hormonale. Certains hommes, certaines femmes, laissent à penser qu'ils feraient des pères et des mères merveilleux, quelle que soit la durée de l'amour et du couple. Avec eux, on sent que l'on peut risquer cette aventure-là, et voilà que notre désir s'éveille au contact du leur.

Tu veux un enfant ?

Notre désir d'enfant nous expose forcément. Comment l'exprimer à l'autre ? Et s'il refuse ? Cette envie navigue souvent entre le « je n'en veux pas » de l'un, et le « j'aimerais bien » de l'autre. Mais ces positions ne sont jamais aussi catégoriques, et l'on ne compte plus un arrêt de pilule annoncé, sans projet affirmé, qui permet à un désir hésitant de se confirmer. Personne ne se protège, la porte est ouverte, l'autre s'y engouffre… et l'enfant arrive pour le bonheur des deux. Il arrive encore que l'absence d'un désir d'enfant chez l'homme pousse la femme à prendre la douloureuse décision de le quitter, si elle ne conçoit pas sa vie sans devenir mère. Devant cet ultimatum, désirant d'abord de cette femme, l'homme peut se laisser fléchir et être ravi au final : confronté à la grossesse, le partenaire récalcitrant se montre enthousiaste.

L'enfant ne nous réalise pas

Beaucoup de femmes ont l'illusion qu'un enfant comblerait leur vie, leurs failles, leurs manques. Certaines font de leur grossesse une muraille qui les protège, pointent leur ventre rond en avant, mettant au pas leur entourage. L'homme n'est souvent qu'un figurant qui assiste à cette toute-puissance maternelle. Que dire encore de celles qui, au grand étonnement de leur entourage, tombent enceinte alors que leur couple bat de l'aile ? Il ne s'agit pas d'un projet à deux, mais d'une quête solitaire. Ces femmes sont-elles dans un désir d'enfant ou dans une quête de remplissage ? Avec l'enfant, pensent-elles, le chemin sera tracé, elles ne connaîtront plus de doute. Or, c'est l'inverse qui se passe : mettre au monde un enfant déstabilise toujours. On était sûr d'être calme et patient ? On a du mal à supporter les pleurs. On avait des principes – ne pas prendre sans cesse le bébé dans les bras – et on se précipite vers le berceau au moindre gémissement. Le réel s'impose à nous, le couple en est forcément bousculé, et il n'est guère étonnant que nombre de séparations aient lieu dans les mois qui suivent une première naissance.

S'autoriser à ne pas les supporter

Quant aux couples qui au nom des enfants refusent de se séparer, se rendent-ils compte du poids qu'ils font peser sur leurs épaules ? D'autant qu'il s'agit souvent de la peur de se retrouver seul… « Je n'ai rien demandé », bougonnent les enfants à juste titre, quand leur parent se plaint et gémit « avec tout ce que j'ai fait pour toi. » On élève d'autant mieux un enfant qu'on s'autorise à en avoir assez par moments. Oui, il nous tape sur les nerfs, oui, on l'enverrait bien quinze jours chez ses grands-parents. Et puis, quelques heures après, on le dévore des yeux avec tendresse : est-ce bien ce garnement insupportable qui nous fait rire aux éclats ? Le « pas tout » du parent est très important, « pas tout » le temps disponible et disposé à s'extasier sur sa progéniture. Délaissons le refrain « c'est tout mon portrait », pour faire place à la surprise de la rencontre sans cesse renouvelée. Ce qui est passionnant dans le fait d'élever un enfant est de découvrir un vrai sujet, dont nous n'aurons jamais une lecture totale, même si, par fulgurance, nous reconnaissons en lui quelques ressemblances.

Le jour où il faut se quitter...

Enfin, terminons ce chapitre par la fin de l'amour. Pour que le couple reste vivant, il doit sans cesse rester sur une certaine brèche, ne pas se défendre d'une séparation toujours possible, nous l'avons développé plus haut. Combien de couples restent ensemble parce qu'ils n'osent pas détruire une union sur laquelle ils ont investi leur identité et leur image sociale ? Pourtant, un jour, rester ensemble n'est plus possible parce qu'on se fait plus de mal que de bien, la séparation n'étant que l'aboutissement d'une réflexion à bas bruit, dont chacun n'a pas toujours conscience. Un certain discours laisse à penser qu'aujourd'hui, on se séparerait très vite, trop vite. Il est bien rare pourtant d'agir sur un coup de tête car il n'est pas si aisé de remettre en question des habitudes, un confort de vie, de renoncer à une certaine affection qui demeure malgré tout. On a passé beaucoup de temps et d'énergie à refouler, composer, et un beau matin l'évidence s'impose à nous : cela ne peut plus durer comme ça, on se rend compte qu'on n'a plus l'énergie pour maintenir la façade. C'est souvent le corps qui tire la sonnette d'alarme à coups de migraines incessantes, de mal de dos, la puissance d'un désir trop bridé a fini par se retourner contre nous.

Mais les membres de l'entourage ne l'entendent pas de cette oreille et ne sont pas toujours d'un grand soutien : cette séparation les interroge sur ce qu'ils vivent, elle les renvoie à leurs petits arrangements. Ils tolèrent souvent mal que l'on s'autorise à quitter le navire conjugal : « Et nous, comment on fait ? Tu ne vas pas nous faire croire que tu ne peux pas prendre sur toi ?» Ils peuvent même craindre que la séparation soit contagieuse et préfèrent s'éloigner pour éviter de questionner la santé de leur propre couple.

Quant aux enfants, même quand ils sont grands et ont quitté la maison, ils rechignent eux aussi à voir le couple de leurs parents se déliter, ils veulent pouvoir revenir à leur port d'attache au moment où ils sont en train de bâtir leur propre vie. Le nid doit rester immuable pour accueillir les futurs petits enfants. Leur intolérance concerne souvent plus la mère que le père, comme s'il était mieux admis que monsieur coure le guilledou, pendant que madame se morfond. « Il t'a trompée, et alors ? » demandait un jeune homme de vingt ans à sa mère, à qui il prêtait la capacité de tout supporter, tandis que l'infidélité du père était vue comme une passade un peu infantile. De lui, on tolère les incartades, mais d'elle on ne tolère pas qu'elle ne les supporte plus. Elle est renvoyée à l'image de celle qui doit assurer la pérennité du socle familial.

En arriver à se séparer n'est ni bien, ni mal, et d'ailleurs, qui peut s'arroger le droit de juger ? Le divorce renvoie à la dynamique du couple, qu'il faut questionner sans cesse. Nous avons aujourd'hui la possibilité de ne plus nous résigner à vivoter dans un couple moribond – ce qui n'était pas le cas auparavant –, spécialement pour la femme qui a désormais non seulement une indépendance financière, mais aussi psychique. Un excellent point pour le désir !

9
Écouter la musique de son désir

Il n'y a pas de chemin, c'est en cheminant que l'on fait le chemin.

Antonio MACHADO

Pour reconnaître notre désir et sa musique, nous aurons à mettre en veilleuse des ritournelles bien rodées, à faire le tri dans nos voix contradictoires, à baisser le son tonitruant de notre surmoi, ce juge toujours prompt à nous critiquer, à mettre en sourdine les « non, mais pour qui tu te prends ? », bref, à nous autoriser à faire ce que peut-être nos parents verraient, ou auraient vu – imagine-t-on ! – d'un mauvais œil, que l'on ait vingt ou soixante ans…

Déchiffrer sa propre partition

Nous aurons un sérieux ménage à effectuer dans ce concert qui nous dicte le bien et le mal et comment *il faut* nous y prendre pour mener nos vies. Suivre son désir demandera sans doute de trahir des attentes supposées

– guettons ce murmure à notre oreille, « je ne devrais pas aimer… mais j'aime quand même » – à l'instar de ce jeune patient, pourtant déjà dans son désir, mais qui se critiquait et le condamnait sans arrêt. Il aime diriger, gagner de l'argent, et il a mis des années avant de se l'avouer. Il ne cessait de se juger – qui, quelle référence à travers lui, ne voulait pas de cette réussite ? – au lieu de profiter d'occuper un poste dans lequel il s'épanouissait. Conscient de la brutalité du monde dans lequel il évoluait, et où il ne reconnaissait pas toujours ses valeurs, il a continué son travail de façon plus sereine, se retroussant les manches pour faire évoluer ce qui heurtait ses convictions, tout en poursuivant et assumant ses ambitions. Nous aurons également à contourner les diktats imposés par la société qui nous désigne les « bons » désirs : le « jouissez, c'est un ordre ! » qui n'a rien de jouissif dès que le surmoi s'en mêle, le ça le renvoyant dans les cordes, nous l'avons déjà vu. Heureusement, nous n'entendons pas tous ces injonctions de la même manière, elles ont plus ou moins de poids selon notre histoire. Certains se précipiteront chez le sexologue pour vérifier qu'ils jouissent bel et bien, d'autres diront : « je fais l'amour deux fois par an, tout va bien merci », quant au troisième, il haussera les épaules : « je ne vous ai pas attendu pour jouir »…

Comment savoir si nous tirons vraiment le fil de notre désir ? En se mettant à l'écoute de notre propre jouissance, toujours singulière, qui n'en passe pas forcément par un vent de force 7, mais me signale que je me sens bien aujourd'hui, à cet endroit-là. Quand nous sommes amoureux, notre désir de l'autre se fait impérieux, même si nous nous en défendons par des arguments raisonnables et pleins de bon sens. Prenons une femme amoureuse d'un homme qui n'est pas libre : indépendamment de toute morale, est-elle bien quand elle le voit ? Oui ? Alors, qu'elle vive son histoire ! Ce sont les attentes et les projections que nous forgeons, celles que nous renvoient les autres, qui nous plombent : « Quand il quittera son épouse, qu'est-ce qu'on sera heureux », pense peut-être cette femme. Apparemment sa situation semble inconfortable, mais elle dispose de plages de temps libre : est-elle sûre de vouloir y renoncer ? A-t-elle envie d'une présence quotidienne ? Vivre à fond cette aventure va lui permettre de laisser la situation évoluer, peut-être l'idylle tombera-t-elle toute seule de l'arbre, comme un fruit trop mûr. Un matin, elle se réveillera avec la sensation de ne plus être qu'une maîtresse aliénée à l'attente d'un amant aux disponibilités trop rares. Ou peut-être leur amour sortira-t-il de la clandestinité ? Nul ne peut le savoir, et aujourd'hui ce qu'ils vivent est trop joyeux pour qu'ils y renoncent. On peut évoquer aussi ce jeune qui poursuit des études de philosophie, au grand dam de son entourage, inquiet de l'absence de débouchés. En aura-t-il des regrets, même si plus tard il s'engage dans une autre profession ? Sans être hors du principe de réalité – dans notre monde actuel, cette matière sert rarement à dénicher directement un emploi –, si en suivant ses études, il a le sentiment d'avoir grandi, de s'être affirmé, il en fera quelque chose, car écouter son désir permet une mobilité et une capacité d'adaptation et d'évolution à toutes les étapes de sa vie.

Tendre l'oreille

Le désir couramment vanté est celui qui fait de nous une personne affirmée, qui sait ce qu'elle veut, quitte à aller l'arracher avec les dents, comme dans la publicité pour les crèmes glacées que nous évoquions au chapitre 1. Je fais ce que je veux, rien ne m'arrêtera, je ne doute pas du bien-fondé de mon envie. Pourtant, on peut ne pas céder sur son désir sans hurler ni frapper du poing sur la table. Ce ne sont pas les roquets qui sont les plus désirants... Ceux-là sont d'ailleurs souvent attachés à faire montre d'un désir tonitruant que la société valide comme tel, et sont par là assujettis au regard de l'autre ; tandis que, si nous assumons un désir qui ne se justifie par rien, si ce n'est de nous intéresser, l'entourage ne va pas forcément le remarquer. Confusément et intimement nous savons qu'à ce moment-là nous nous extrayons d'un certain consensus, d'un ordre imaginaire dans lequel, peu ou prou, il nous faudrait entrer. Est-ce que je le fais pour moi ou pour la galerie ? Cette question est fondamentale pour savoir si nous sommes ou pas porté par notre désir. La métaphore du vêtement permet de saisir cette infime différence. Prenons l'adolescent qui se distingue des codes des adultes sur le mode de la provocation : « Regardez comme je suis différent de vous, et je n'existe que dans ma différence affichée ! ». Il s'appuie sur cette référence pour, croit-il, s'en affranchir. Et puis il y a l'adolescent habillé comme les jeunes de son âge, mais qui porte un détail d'une façon singulière – un chapeau, quand tous les copains portent une casquette, un chignon, alors que les filles de la classe arborent des cheveux en bataille. Ils le font sans air bravache, sans chercher à solliciter l'admiration ou le rejet. Se distinguer du lot peut être simplement une façon de ne pas s'adonner à certains rituels sociaux, sans que cette distinction soit forcément remarquable. Le philosophe Michel Onfray a dû faire face à l'étonnement des participants de l'émission *La Bande originale* de Nagui : quoi, il ne prend jamais de vacances ? Non, ce mot ne lui est pas familier. Il explique que lire et écrire est ce qu'il aime le plus dans la vie, activités qui ne nécessitent pas de pause. Étant invité un peu partout dans le monde pour des conférences, il voyage grâce à ses livres, et cela lui va très bien. Prenons encore ce couple qui aime se rendre à Venise tous les ans pour y passer quelques semaines. Il étonne l'entourage : pourquoi ne va-t-il pas ailleurs ? Il y a tant d'autres villes italiennes à découvrir, tant d'autres pays ! Oui, mais c'est dans cette ville, qui vit au rythme de l'eau et au son des cloches, que ces deux-là se sentent bien. Ce qu'en pensent les autres, ils s'en moquent gentiment. Ils n'éprouvent plus le besoin de justifier leur choix : après tout, ils n'obligent personne à les suivre... Cette préférence de soi à soi est à son maximum quand nous sommes amoureux. Nous nous moquons que les autres apprécient ou pas notre choix. Comme le chante Julien Clerc dans une de ses chansons[1] : « Je sais bien que sa façon d'être à moi vous déplaît, mais elle est ma préférence à moi. » Il n'y a rien à ajouter.

Trouver la bonne sono

Certains éprouvent parfois le besoin de s'extraire de la vie sociale, s'isoler dans la montagne ou partir sur le chemin de Saint-Jacques-de-Compostelle, pour se reconnecter à cette voix intime qu'ils ne parviennent plus à discerner. D'autres éprouvent la nécessité de l'éclairer au contact des autres et de leurs désirs propres, pour dégager ce qui les porte et les transporte. Quelle est la jouissance d'autrui ? je l'ignorerai toujours. En revanche, je n'ignorerai pas comme

1. « Ma préférence ».

je jouis moi-même: quand le désir émerge, je me ressens pleinement, comme en place, d'un lieu immatériel qui ne regarde que moi. « C'est l'ignorance du lieu où il désire qui fait l'homme », écrivait Lacan. D'où vient ce désir ? Pourquoi à ce moment-là? Mystère… Mais on le reconnaît comme étant le nôtre, chaque fois différent, toujours mouvant. Sa dynamique nous fait plus souple, nous aurons plus de possibilités de circuler, de choisir, donc de jouir. Il n'existe pas de solution pour se satisfaire une fois pour toutes: le désir est désir de désir, selon la formule du célèbre psychanalyste. Et la jouissance en appelle à d'autres jouissances.

Commencer par dire « non »

La valorisation actuelle de la pensée positive nous empêche d'entendre notre voix qui dit « non ». Et pourtant, commençons par nous tenir à distance de l'injonction « il faut savoir ce que l'on veut dans la vie », en identifiant ce que nous ne voulons pas. Le « non » est un des premiers mots de l'enfant, sa première affirmation de sujet qui pose un acte transgressif et vital: en ne répondant pas à la demande du parent, il commence à créer l'espace de sa future liberté. Malheureusement, en grandissant nous perdons peu à peu cette belle faculté, qualifiée souvent d'insolence par nos éducateurs. D'ailleurs, en analyse, il n'est pas rare de réapprendre à dire « non », avant de pouvoir dire de vrais « oui ». « Je n'aime pas », « ce n'est pas pour moi » permet des avancées significatives pour chercher ce que l'on veut, qui n'est souvent lisible qu'après l'avoir trouvé. Pourtant, le refus est déconsidéré et qualifié de puéril – l'adulte faisant ce qu'il peut, lui, comme s'il avait le choix! –, alors que l'enfant est si puissant dans sa capacité de clamer « non » à ce qui ne lui plaît pas. Des « non » que le parent devrait idéalement lui apprendre à moduler ou à parfois réviser, sans les lui reprocher systématiquement. Toutefois, si le refus peut être guidé par le désir, il peut aussi se révéler mou, peu affirmé, façon de ne pas s'engager dans la vie, assorti souvent de propos grognons : « Pour qui il me prend, il ne croit pas que je vais lui dire oui comme ça ? » quand bien même il en meurt d'envie. Celui qui refuse ainsi, souvent automatiquement, cherche l'approbation autour de lui : « j'ai eu raison de lui dire non, hein ? », tandis que le « non » éclairé n'a pas besoin d'argumenter. Nous pouvons même inventer un mensonge pour refuser élégamment, botter en touche pour ne pas faire de peine inutilement, sans pour autant obéir à la demande. Une façon de ménager l'autre, tout en préservant son propre désir. Refuser par exemple une invitation à dîner avec le sourire, sans explication superflue, déconcerte toujours et se révèle bien plus efficace – l'autre aura du mal à nous en vouloir – que de se justifier outre mesure, faille par laquelle le reproche pourra toujours se faufiler. D'autres se targuent d'être cash, « ah ! je ne l'envoie pas dire, moi, monsieur », mais leur « non » est-il du côté du désir... ou de l'image d'inflexible qu'ils souhaitent donner ? Notez encore que ceux qui disent d'un air contrit : « moi, je ne sais pas dire non » s'en flattent tacitement et pensent faire preuve d'une immense générosité, alors qu'ils cachent souvent une incapacité à s'affirmer, de peur d'être rejeté. Les livres de développement personnel qui veulent nous « apprendre à dire non » sont en grande partie inefficaces parce que les conseils restent trop attachés au regard des autres : on dit non pour affirmer son caractère et le démontrer, plus que par réelle nécessité. En revanche, il peut être intéressant de vous demander comment vos parents réagissaient lorsque, petit, vous refusiez de terminer votre assiette: « mange pour faire plaisir à maman », « si tu ne finis pas, tu n'auras rien d'autre », « tu es vilain », « tu me fais de la peine » ? La façon dont ont été accueillis nos « non » a pu influencer l'autorisation que nous nous donnons ou pas de ne pas tout accepter pour faire plaisir aux autres, piège cruel pour le désir. Avons-nous peur de plus être aimé, de nous retrouver isolé ? Pourtant, dire non est indispensable pour être libre d'embrasser le « oui ».

Se mettre en jachère

Pour entendre la voix de notre désir, nous devrons peut-être nous autoriser un moment de « vacance » qui permettra à d'autres envies, peut-être insoupçonnées, d'émerger. Nous allons nous laisser flotter dans des « je ne sais pas encore », des « peut-être », des « pourquoi pas ? », flou que notre époque supporte mal, nous intimant l'ordre et l'urgence de définir un projet. Les personnes qui viennent en analyse ont envie de progresser, de grimper les marches une à une pour parvenir à un supposé sommet, lieu de leur réalisation – idée dont elles vont se délester au fil des séances. Car au-delà de tout volontarisme, elles viennent pour se remettre en mouvement, pour que se vive et s'exprime leur désir. Même si la progression se produit, elle ne partira pas d'un point A pour arriver à un point B, selon une trajectoire linéaire et observable. Petit à petit, l'édifice de leurs certitudes se fissurera, des états différents se succéderont sans logique apparente, en toute inconscience parfois ils envisageront des changements ou les auront déjà mis en acte. Car seule la névrose nous fige en nous asseyant sur son socle inébranlable, stabilité apparente qui n'assure aucun équilibre...

Interroger ses fantasmes et ses rêves

Nos rêves et nos fantasmes sont également de bons indicateurs de notre désir. Quand nous fermons les yeux, comment voyons-nous la vie que nous aimerions avoir? Proche de celle que nous avons aujourd'hui? totalement différente? Et si oui, pourquoi, comment? Que faudrait-il changer pour nous en approcher? Si le rêve exprime un désir sous forme de rébus à déchiffrer, et le fantasme un déplacement – comme un déguisement – de ces mêmes désirs, tous deux sont un pont entre notre conscience et l'inconscient. Certaines de ces images apparaissent très crues, alors qu'elles sont dans le fond bien romantiques, tandis qu'un fantasme de chevauchée en robe blanche à travers une praire fleurie peut raconter une furieuse envie d'être chevauchée sexuellement, l'ambiance virginale nous protégeant de notre effroi ou de toute culpabilité. Nous y résistons parfois avec une telle vigueur en cherchant à refouler ces désirs qui piaffent et nous dénoncent que nous pouvons avoir le sentiment d'être totalement dénués de vie fantasmatique, mais nous fantasmons tous! Sauf que l'essentiel de nos fantasmes ne parvient pas à notre conscience, et que nous développons un imaginaire à la hauteur de ce que nous préférons et nous autorisons. Certains ont la capacité de se raconter des histoires, comme les enfants qui transforment une cuillère en avion, là où d'autres n'y voient qu'un outil pour manger leur soupe. Cela ne signifie pas que ces derniers sont totalement dépourvus d'imaginaire; seulement, celui-ci ne se décline pas en récits et délires oniriques, peut-être davantage en visions ou idées fulgurantes qui ne se transforment pas en roman. Je peux, fugacement, trouver séduisant le chauffeur de bus – et l'oublier aussitôt –

sans imaginer dans la foulée un corps à corps aux multiples rebondissements. Dans mon rêve, je saute sur ma collègue de bureau ? Cela ne révèle pas forcément une envie de coucher avec elle. Inutile, cependant, de s'en ouvrir aux autres, qui risquent de l'entendre d'une tout autre oreille et de prendre le rêve au pied de la lettre… Si le fantasme est l'expression d'une énergie qui nous traverse, il arrive aussi qu'il serve de couvercle à celle-ci et organise la vie de façon névrotique. C'est le cas des fantasmes devenus immuables : monsieur ne peut avoir de désir que si madame porte des bas résille, elle ne peut jouir qu'accrochée aux montants du lit. Il n'y a plus aucune mobilité, chacun reste fixé sur un fantasme devenu obligatoire et indispensable, rempart pour résister à un « ailleurs et autrement » qui réserverait peut-être des surprises.

Repasser le film de ses projections

La chanson « Les passantes » de Georges Brassens, déjà évoquée, raconte ces moments fugaces où nous croisons un regard qui nous met de bonne humeur, qui nous fait nous sentir désirants et désirables : à l'instant, tout nous paraît envisageable, même l'issue la plus torride et la plus improbable ; et puis la projection s'évanouit dans la brume, sans même que nous sachions parfois qu'elle nous a traversés. Ou bien elle s'effondre au contact du réel, comme le décrit si bien une chanson de Serge Reggiani[1]. Un homme en voit passer un autre et rêve d'être riche et élégant comme lui, d'avoir sa vie, qui lui semble sans ennuis ni regrets. Surgit la femme du bellâtre et son « bonsoir, chéri » dont le ton snob

1. « Ce monsieur qui passe ».

le fait redescendre immédiatement sur terre : il ne voudrait pour rien au monde de cette existence surfaite et la chanson se termine par un cri : « Rendez-moi ma peau ! »

Les projections qui circulent librement et n'ont pas pour fonction de réguler notre avenir sont les plus légères, elles ne peuvent nous nuire : nous aimons, nous nous voyons installés dans une maison, entourés d'enfants qu'il n'est pas question de faire à cet instant de notre histoire. D'autres nous aident à passer un cap, comme ce couple qui projette de faire le tour du monde en voilier, une fois à la retraite. Que raconte ce scénario ? Est-ce qu'il transporte les intéressés dans un futur joyeux, sans les empêcher de continuer à vivre au présent, ou ont-ils trouvé une façon de remettre leur bien-être à un hypothétique lendemain, d'éviter de régler ce qui ne va pas aujourd'hui ? On peut passer toute une existence de projection en projection, « ça ira mieux quand... », et se retrouver au bout de sa vie toujours aussi insatisfaits.

Revisiter ses passions de jeunesse

Nos désirs d'antan peuvent être porteurs de précieux messages. Qu'est-ce qui me faisait vibrer quand j'étais adolescent ? Cette période est intéressante car le désir, souvent anarchique, venait constamment frapper à notre porte. À l'époque, il ne trouvait pas toujours à s'exprimer, nous rendant tour à tour passionné de musique, de cinéma, de théâtre, ou vidé de toute substance à force de partir dans tous les sens. À cet âge, l'énergie désirante n'est souvent pas libérée – même si l'adolescent s'en défend, il cherche souvent à coller à une demande imaginaire ou clairement formulée –, mais il est dommage que cette période ne soit vue que sous son aspect problématique. Certes, il n'est pas de tout repos d'accompagner un ado sur ce chemin chaotique, mais nos réactions et agacements parlent aussi de nous, adultes revenus de tout. L'insolence et la révolte de nos adolescents viennent nous bousculer, nous rappeler ce que nous avons ravalé. Aujourd'hui, pour peu que nous acceptions de nous en souvenir et d'y revenir, nous avons encore à apprendre de cette énergie puissante, de cette légèreté qui ont pu nous habiter autrefois, quand nous n'étions pas encore trop engoncés dans nos certitudes.

Il peut être intéressant de se remémorer nos moments d'audace, sans les balayer en haussant les épaules : décidément, à cet âge, nous faisions vraiment n'importe quoi ! Avons-nous dû en payer le prix fort ? D'une certaine façon n'avions-nous pas raison ? Naturellement, il ne s'agit pas de refaire le même chemin, mais on peut se réconcilier avec ces élans, accepter et embrasser à nouveau une certaine forme d'insouciance. La bonne nouvelle ? Les années passant, il n'est pas rare que nous devenions de plus en plus affranchis du surmoi social, nous allons y revenir plus loin dans le chapitre « Le désir n'a pas d'âge ! ».

En revisitant notre enfance, nous pourrons également repérer les moments où cette énergie a été étranglée, comme cette patiente qui se souvient d'un cruel épisode : un événement anodin, qu'elle a oublié aujourd'hui, l'avait mise en joie et elle était rentrée chez elle en sautillant. Sa mère l'avait clouée au sol en lui reprochant de montrer son bonheur, cela ne se faisait pas. Si elle ne se souvenait plus de l'objet de son contentement, elle n'avait pas oublié la remontrance venue porter un coup d'arrêt brutal, lui signifiant qu'il ne lui était pas permis de jouir de la vie. Au fait, comment accueillait-on dans votre famille vos enthousiasmes, en les encourageant ou en les brimant ? Questions intéressantes quand on cherche à retrouver le fil de son désir.

Se perdre dans le labyrinthe

Le désir n'a rien d'évident, il semble suivre un labyrinthe plutôt qu'une ligne droite. On peut s'engager dans une direction et le ressentir soudain, il n'a rien de linéaire et surgit souvent là où il n'était pas guetté. C'est en chemin que nous le découvrirons, et il ne ressemblera pas toujours à ce qu'on en imaginait. C'est en tâtonnant, en se trompant, en acceptant de nous égarer, sans inquiétude et sans se condamner, en nous autorisant à jouir ou à ne pas aimer, que nous parviendrons à ne pas perdre tout à fait son fil. Une patiente s'étonnait d'être désormais capable de vivre avec le sentiment d'être un peu perdue, sensation toujours proche du désir. Dans le labyrinthe, ne risquons-nous pas de tomber dans une impasse ? Oui, peut-être, mais il faut parfois s'y rendre, il sera toujours temps alors de faire demi-tour. Nous avions la conviction que notre désir était de ce côté-là, mais non. Nous y avons gagné une position plus claire et assumée : cette voie-là n'est pas pour nous ! L'erreur nous a permis de faire le tri et nous y aurons glané au passage de précieuses informations, nos échecs nous apprenant forcément quelque chose. Nelson Mandela le résumait bien par sa formule « je gagne ou j'apprends ». D'ailleurs, approchons-nous du mot échec : est-il pris dans le sens d'échouer, comme la baleine qui vient mourir sur la plage ? Ou vient-il me signifier que ce n'est pas dans cette mer que je désire nager ? Une femme était persuadée d'être faite pour un poste de pouvoir : une fois en place, elle s'est rendu compte qu'elle détestait gérer des conflits, elle a préféré quitter le navire. Bien sûr, dans un premier temps, elle a eu un sentiment d'échec, mais avec les années elle a compris qu'elle s'était, par cette expérience, débarrassée d'une projection qui ne lui correspondait pas, et qu'elle avait pu alors se mettre à son compte, explorant d'autres pistes et se révélant des goûts et des compétences inattendues, comme celle d'écrire. Son désir s'est dégagé et confirmé peu à peu, sans qu'elle l'ait décidé de façon volontaire, car il émerge sans être attendu, ni avoir été précédé de grandes heures de réflexion. Il vient en faisant, en essayant.

Délaisser les arguments raisonnables

Au pays de Descartes, qui a érigé en proverbe la formule du philosophe « je pense, donc je suis », nous avons l'impression qu'il nous faut toujours définir un objectif bien identifié avant de nous lancer, franchir les étapes pas à pas, respecter un plan ou une méthodologie, sauf que le désir ne se reconnaît pas ainsi. Il se dessine souvent après coup, au fil de nos diverses expériences. Dans le travail d'analyse, on essaie de parler plus vite que le rythme d'une pensée bien rodée, d'où le rapprochement des séances pour ne pas trop les préparer, pour que puisse émerger des mots dont l'intellect ne viendra pas freiner et orienter le flux. Le chinois serait la langue la plus proche du langage de l'inconscient, car les sens varient selon la place des mots et leur prononciation, un même idéogramme ayant plusieurs traductions possibles et très différentes. Pourtant, nous essayons de trouver un sens unique, sur lequel il ne faudrait pas nous tromper, alors que nous passons notre vie à le réviser, voire à le contredire. Revenons à ce fameux « je t'aime » que nous voudrions définitif, alors que rien n'est plus fluctuant que ce sentiment, que l'amour ne se ressent pas de la même façon le temps passant. Nous aspirons tellement à être cohérent que nous ne voulons pas avoir aimé ce que nous n'aimons plus, estimant qu'on s'est trompé si cet amour qui fut un jour n'est plus. On peut regretter de s'être fourvoyé des années dans une relation jugée après coup peu satisfaisante, mais la question est de savoir pourquoi nous y sommes allés, pourquoi nous y sommes restés si longtemps, qu'est-ce que cette aventure nous a appris sur notre désir et s'il était de la partie. On peut également se leurrer « raisonnablement » sur son désir, comme cette histoire nous le montre. Un homme avait rencontré une femme belle, intelligente, cultivée. Il n'était pas très amoureux, mais assurément flatté de l'intérêt qu'elle lui portait. Et puis un jour, s'apercevant qu'il ne l'aimait pas assez pour s'engager, il est parti sans crier gare, la veille ou presque de leur mariage. Goujat ? Pour l'extérieur peut-être, mais l'urgence d'un désir qu'il n'en pouvait plus de bâillonner l'a fait déguerpir. Sur le papier il était chanceux, il aurait dû être comblé, mais au fond de lui, il a senti qu'il se fourvoyait. Il aurait pu épouser cette femme et divorcer quelques mois après, ou vivre des liaisons parallèles comme le lui conseillaient certains proches. Le traiteur était payé, les familles prêtes à faire la fête. Mais ce compromis-là était au-dessus de ses forces, il lui aurait trop coûté. Cela ne veut pas dire que nous enverrons tout promener de façon si fracassante, mais il faut admettre que les arguments raisonnables ou consensuels n'ont pas tant de poids quand le désir se manifeste. Comment expliquer que nous aimons, puis que nous n'aimons plus, quelles raisons donner, sommes-nous sûr que ce sont les bonnes ? Le jour où l'amour s'envole, c'est comme si des écailles tombaient de nos yeux, à moins que ce soient les yeux mêmes qui changent : on ne voit plus que les défauts de l'autre, cette dent qui manque, ce nez soudain si vilain. Raison et rationalité ne décident pas de notre désir : nous y trouvons notre compte ou pas, un compte qui n'appartient qu'à nous, et tant pis si on jase autour de nous...

Accepter d'être déstabilisé

S'il est plus facile d'être en phase avec son désir, celui-ci commence bien souvent par nous déranger, nous mettre en alerte, bref, il nous empêche de ronronner ! Même si nous sommes animé d'un désir certain, la façon dont nous creuserons le chemin n'ira pas de soi. Cette conquête de mon histoire, parce que je le veux ainsi, moi, et non parce qu'on me le demande, mobilisera énergie et vigilance, il faudra se débattre, faire du tri, repérer et dépasser nos propres freins. À l'idée du bonheur, nous préférons celle de bonne heure, qui en passe par des mauvaises, et par notre capacité à circuler, à avancer encore, à prendre des risques. Le désir peut se manifester par nos résistances à lui céder, nous l'avons vu en amour, et cela se vérifie chaque fois qu'il pointe son nez. Pour un comédien, le moment si jouissif qui précède l'entrée en scène n'empêche pas la peur et l'envie de déguerpir la minute avant le lever du rideau ! Mais l'ivresse est présente, il ne doute pas de son envie d'être là. La résistance à ce moment-là est l'acmé de ce mouvement où le désir est inconfortable, mais la jouissance déjà perceptible.

Avoir de la persévérance

Si suivre son désir ne rend pas la vie plus facile, il la rend tellement plus vivante ! La persévérance est souvent nécessaire, les réalisateurs le savent bien : il faut souvent des années pour faire un film, trouver les financements, sans aucune garantie qu'il rencontrera du succès. Celui qui ne met en avant que ce temps si long n'a pas beaucoup de chance d'y arriver, tandis que celui qui repasse autant de fois que nécessaire devant les commissions d'aide à la création, attend cet acteur qu'il veut absolument, quitte à différer le tournage de six mois pour qu'il soit libre, fait preuve d'une obstination qui le conduira à son but. Pascal Elbé reconnaît que, si on lui avait annoncé dès le début qu'il lui faudrait cinq ans pour achever son dernier film, il ne sait pas s'il se serait lancé, mais son désir puissant de le réaliser lui a fait tenir son projet. Même si le succès ne s'est pas manifesté d'emblée, l'actrice et réalisatrice Emmanuelle Bercot, dont le travail n'a rencontré que peu d'écho pendant des années, a poursuivi inlassablement ce qu'elle aimait faire : du cinéma. Elle ne néglige pas non plus l'aspect financier – filmer, tourner, c'est d'abord son travail, bousculant au passage le fantasme que nous cajolons souvent à propos de l'artiste : un être désincarné et déconnecté des réalités qui ne vit que pour son art.

Changer de vie ? Oui, mais…

Dans la course à ce fameux désir qui nous agite, il existe un mythe puissant, très vanté aujourd'hui : le changement de vie. Comme si le mouvement poussait forcément vers un « ailleurs » meilleur… Pourtant, on peut passer du métier de trader à éleveur de chèvres sans avoir rien dérangé, comme l'illustre un dessin de Sempé. Sur la première case, on voit un chef d'entreprise épuisé qui rêve de cultiver son jardin à l'abri du brouhaha du monde. Il abandonne tout pour s'installer à la campagne. Au fil de la page, son jardin s'agrandit, s'agrandit, jusqu'à la dernière case, qui rappelle tristement la première : son rêve de cultiver son jardin s'est transformé en une grande entreprise dans le va-et-vient incessant de camions qui chargent les salades à livrer ! Ce que raconte cette bande dessinée ? Partir n'assure pas toujours un nouveau départ, on peut être rattrapé par son histoire et continuer à se fuir. Ceux qui quittent la ville en soupirant sur son anonymat se rendent compte souvent qu'il n'est pas plus facile de vivre sous le regard permanent des voisins.

Qu'on le veuille ou pas, qu'on s'en saisisse ou pas, la vie vient souvent nous donner l'occasion de bifurquer. Ainsi, l'humoriste Nicole Ferroni témoigne de ce sursaut qu'elle a eu au moment où elle a perdu son poste à l'Éducation nationale. Elle aimait bien son travail d'enseignante, mais pendant ce temps de « vacance », elle a réalisé qu'elle avait toujours été attirée par la comédie, le burlesque. Elle en a profité pour affiner un autre projet de vie dans lequel désormais elle s'épanouit avec talent. Elle ne nous fait pas le numéro de la grande révélation, non ; une occasion de changer de cap s'est présentée et elle ne l'a pas laissée filer.

Faire des choix

Pas de désir sans choix. Nous n'allons pas nous contenter indéfiniment de rester au bord de la route à soupeser le pour et le contre. Et pourtant, nous sommes si frileux… Tétanisé à l'idée de faire un mauvais choix, nous pouvons passer notre vie au carrefour de nos désirs, sans jamais nous engager : par peur de l'échec, mais aussi par peur de ne pas être aussi bon que nous le fantasmons en passant à l'action. En remettant sans cesse notre désir à demain, nous conservons intacte l'image que nous avons de nous, nous supputons que rêver notre vie est plus confortable, moins engageant, même si elle est infiniment moins palpitante ! Ajoutons qu'en disant « j'aime mieux aller là plutôt que là », nous abandonnons notre neutralité et nous exposons ; or nous craignons toujours une forme d'indécence et préférons nous fondre dans la masse. Pourtant, affirmer ce que nous aimons ne sera pas forcément nous mettre en butte au monde ; mais notre peur des réactions, des jugements que notre audace provoquerait peut-être nous conduit à rabaisser sans cesse « notre caquet ». Il n'est pas évident de vivre dans un présent qui nous échappe sans cesse et, pourtant, nous n'avancerons qu'avec lui. Qu'est-ce je préfère, ici et maintenant, en dehors des attentes – supposées – des autres ? Il y aura forcément une hiérarchie à établir. Dans une lettre à sa fille, la mère de Colette parle de ces choix sans cesse à faire. Elle répond à une invitation de son gendre : « Je n'accepterai pas votre aimable invitation, du moins pas maintenant. Voici pourquoi : mon cactus rose va probablement fleurir. C'est une plante très rare que l'on m'a donnée, et qui, m'a-t-on dit, ne fleurit sous nos climats que tous les quatre ans. Or, je suis déjà une très vieille femme et, si je m'absentais pendant que mon cactus rose va fleurir, je ne suis pas certaine de le revoir fleurir une autre fois[1]... » Dans ce passage, Sidonie hiérarchise ses désirs. Ce jour-là, sa

1. Colette, *La Naissance du jour*, Flammarion, 1928.

priorité n'est pas de se rendre auprès de sa fille, mais d'assister à cette floraison qu'elle guette avec impatience. Cela ne remet nullement en question l'amour qu'elle porte à l'écrivaine, dont elle est sûre qu'elle la reverra avec plaisir plus tard.

S'approcher de son désir

Nous avons peur de suivre nos désirs car nous craignons de bousculer trop de choses dans notre vie ; mais, avant d'entreprendre quoi que ce soit, il s'agira déjà de s'en approcher. Envisager un changement, d'autres envies, ouvre sur un « ailleurs » toujours salutaire et vivant, que ce soit dans le couple ou au travail, un possible qui n'impose pas forcément un passage à l'acte immédiat. Ainsi, ce salarié victime de *burn out* a cerné sur le divan les motivations inconscientes qui le menaient à accepter une telle surcharge de travail, mais, pensait-il, il n'était pas plus avancé, n'ayant pas le choix pour l'instant de quitter son poste. Et pourtant, ce fameux « pas de côté », cette compréhension nouvelle qui le situe différemment, plus seulement victime mais aussi acteur, a changé la façon dont il vit la situation. Il jouait les pompiers de service ? Il refuse désormais de répondre à cet appel-là et, s'il n'a pas encore la solution pour partir, il n'est plus à la même place et n'obéit plus aux mêmes devoirs imaginaires. Gageons que, si une occasion se présente, il saura la saisir. Nous n'avons pas à nous en vouloir de ne pas être en permanence dans l'action. Le seul repère valable est, encore et toujours, d'oser se demander si la situation nous convient. Pas tout à fait ? Oui, mais je ne vois rien d'autre pour l'instant, et c'est la solution « la moins pire ». Cette prise de conscience a ouvert un espace et nous nous sentons moins coincés qu'auparavant, une disposition d'esprit qui révèle que nous voilà déjà un peu partis, que nous avons bougé sur le plan psychique. Nous ne fonctionnons pas tous sur le même rythme : certains prennent leur décision rapidement, d'autres ont besoin de temps. Il s'agit toujours d'un cheminement personnel, qui réclame toutefois une certaine écoute de soi pour ne pas s'engluer dans l'immobilisme en cédant aux sirènes lugubres qui nous susurrent : « on sait ce qu'on a, on ne sait pas ce qu'on trouve »... Certains se donnent un an pour quitter une situation qui ne leur convient pas et, au bout de trois mois, ils sont déjà ailleurs ; d'autres ne cessent de clamer qu'ils vont s'en aller et sont encore à leur poste vingt ans plus tard. Question : est-ce que je vais à mon rythme... ou est-ce que je me cache pour ne pas avoir à faire de choix ?

Se jeter à l'eau !

Pour changer de vie, un autre mythe de l'époque valorise le voyage, la découverte d'autres cultures. Pourquoi pas ? À condition d'en avoir envie. Et ce n'est qu'à partir du moment où nous tenterons l'essai que nous pourrons dire si réellement nous aimons ou pas voyager. On peut en avoir peur, tout en étant tenté par l'aventure, s'épanouir une fois parti ou se rendre compte que nous n'étions pas fait pour ça. Une femme était allée seule à Mexico, avec des images d'exploratrice dans la tête. Une fois sur place, elle s'est rendu compte que la solitude lui pesait, elle regrettait de ne pas avoir son compagnon auprès d'elle pour partager ses enthousiasmes. Aujourd'hui, elle est contente d'avoir fait ce voyage, mais elle sait qu'elle ne le refera pas, ayant pris conscience qu'elle n'est pas la grande aventurière solitaire qu'elle avait imaginé.

Le désir demande à être éprouvé au contact de la réalité : plus on s'en approche, plus nous sommes capable de démêler la part du fantasme, d'une demande à laquelle à notre insu nous obéirions – il *faut* voyager, être curieux – ou d'un réel désir en marche. L'écrivain Nicolas Bouvier, grand voyageur, constate que beaucoup de gens ne sont pas taillés pour cette aventure. Pour sa part, il partait parce qu'il ne pouvait pas faire autrement, poussé par une force irrépressible, même s'il ne vivait pas toujours un bonheur absolu. Il parlait d'éblouissements, mais aussi de solitude, de désarroi. Le confort est loin d'être garanti, mais on sait qu'en refusant de partir nous aurions davantage à perdre. La nécessité d'essayer est plus importante que l'éventuel succès, ou non, de l'entreprise.

Repérons nos frilosités

Le désir est rarement visible, il peut même se reconnaître à la somme de prétextes que nous invoquons pour ne pas s'engager, sachant au fond de nous que nous ne sommes pas tout à fait de bonne foi, que nous nous mettons seul des bâtons dans les roues. Nous l'avons évoqué pour l'amour, mais cette frilosité peut concerner des événements anecdotiques, une soirée par exemple, que nous refuserons en invoquant la fatigue sans être convaincu par l'argument : en fait, nous craignons de ne connaître personne… Si nous finissons par nous y rendre en traînant les pieds, une fois sur place, nous allons nous rendre compte que nous avions vraiment envie d'y aller, tellement envie que nous ne voulions pas rater notre entrée, et la meilleure façon était effectivement de ne pas nous y rendre. Il y aura toujours cette bagarre à mener entre affronter l'inconnu, prendre le risque de se rencontrer différent de ce que nous imaginions, et faire du surplace, rassuré par le connu.

Dépasser sa culpabilité

Si le désir a une grande ennemie, c'est bien la culpabilité, véritable poisse qui souvent n'a aucun fondement intelligible. Une patiente se sent trop coupable pour quitter son compagnon, invoquant la peine qu'elle lui ferait et qu'elle n'ose même pas envisager. Elle prend l'exemple du mari de son amie qui aurait, dit-elle, été détruit par son divorce. Et aujourd'hui ? lui demande-t-on. Il va très bien, mieux même, il a une nouvelle femme... Elle entend alors combien sa culpabilité est démesurée et irrationnelle : c'est elle qui a du mal à s'autoriser ce départ, qui a le sentiment de trahir des attentes – motifs autrement plus décisifs que son désir de protéger son mari. Nous répondons souvent à un ordre supposé, que nous n'avons pas même identifié. De quel droit m'autoriserais-je telle ou telle action ? Même si nous ne faisons de tort à personne, nous renonçons. La culpabilité est un magma qui empêche la pensée, freine le mouvement, nous enlise. Bien sûr, nous parlons ici de culpabilité inconsciente. Si je me sens coupable une année d'avoir du retard dans mes impôts, je paie les intérêts et me promets de m'y prendre plus tôt et d'éviter les frais supplémentaires la fois suivante. La culpabilité inconsciente, elle, se révèle souvent dans la répétition : si, chaque année, nous sommes systématiquement en retard, cette attitude devient un symptôme : qu'est-ce que nous nous « faisons payer » avec tous ces agios de retard ? Quelle est cette dette que nous n'en finissons pas de rembourser ?

Assumer de ne pas être aimable

Il y a une distance incroyable entre ce que nous vivons et les discours sirupeux sur le monde qui recouvrent des vérités que nous ne voulons pas entendre. Simone de Beauvoir, ayant révélé la souffrance des femmes dans *Le Deuxième Sexe* en mettant des mots sur leur vécu, a déclenché des révoltes et a dû essuyer nombre de rebuffades. « Dans la rue, il arrive qu'on l'insulte, qu'on crache à ses pieds et, dans sa famille, certains cousins affirmeront qu'elle n'est pas de leur lignée. Des hommes interdisent à leur femme de lire le livre, et certains cafetiers baissent le son quand elle parle à la radio. Toute la France puritaine hurle d'horreur en entendant pour la première fois parler aussi franchement du plaisir féminin[1]. » Même le grand Albert Camus l'accusera de ridiculiser le mâle français ! Affirmer haut et fort que l'on est plutôt bien dans sa vie nous expose également aux sarcasmes jaloux. L'actrice Salma Hayek[2] a décidé de ne plus s'en défendre : « Je n'aime pas me plaindre sur moi. Je sais, c'est dommage, les gens aiment les plaintifs et détestent les personnes heureuses. Mais vous savez quoi ? Détestez-moi tous, j'accepte ! Et si vous restez agacés par mon bonheur, c'est votre problème, c'est à vous de travailler dessus, pas à moi de m'adapter. Exploiter la misère humaine pour se faire aimer ? Ne comptez pas sur moi ! » Une telle attitude aurait ravi Jacques Lacan, qui pouvait se montrer assez mufle par moments, charmant et tendre à d'autres. Il disait ce qu'il voulait, sans se soucier de déplaire, d'abord occupé et passionné par son sujet. Mais n'a-t-il pas, grâce à cette audace, dépoussiéré la psychanalyse

1. Bernadette Costa-Prades, *Simone de Beauvoir*, Libretto, 2014.
2. *Psychologies*, novembre 2015

devenue trop consensuelle à son goût? Son itinéraire est celui d'un homme trop pressé pour prendre des gants. Au fait, nous, pourquoi en prenons-nous tant? Sa liberté et son impertinence nous irritent parce que nous ne nous les autorisons pas, alors que bien souvent elles n'enlèveraient rien à personne et nous apporteraient beaucoup. Certaines personnalités nous déroutent par leur absence d'efforts à chercher l'approbation, à s'assurer qu'on les comprend bien. Ils ne sont pas forcément hostiles, mais n'ont pas de temps à perdre. Leur attitude vient nous rappeler combien nous aurions tout intérêt nous aussi à reconnaître nos priorités, puis à les faire entendre. Ah oui! on nous trouve gentil et aimable, mais au prix d'un espace vital et d'un temps littéralement dévorés! Faire plaisir à tout le monde a un coût exorbitant et nous y sacrifions notre désir. Toutefois, certains peuvent se draper dans la posture du méchant de service, qui ne fait pas plus de place à leur désir. Leurs refus incessants ne servent à rien, si ce n'est à l'entretien de leur image. Jean-Pierre Bacri a pu s'enfermer un temps dans cette position, en jouant l'emmerdeur professionnel. Vous m'attendez là? Je ne vais pas manquer au poste, semblait-il dire, alors qu'il sait se montrer délicat, ne supportant pas qu'un réalisateur fasse des critiques à un acteur débutant avec le porte-voix quand il serait tellement moins humiliant de le prendre à part pour rectifier son jeu.

Esquisser un « pas de côté »

Et vous, dans quelle case avez-vous l'impression d'avoir été rangé? La prochaine fois, refusez de rejoindre cette place, même sans dire un mot, et vous constaterez vite que, si vous déconcertez dans un premier temps, les autres finiront par s'ajuster et changer d'attitude. Quand nous commençons à bouger hors de nos lignes habituelles, l'entourage en toute inconscience s'adapte, sans que nous ayons besoin de tenir de grands discours. Nous en avons tous fait l'expérience: le jour où nous sommes décidé à remettre à sa place un collègue ou un membre de la famille, les autres ne nous donnent pas l'occasion de nous expliquer. C'est comme s'ils pressentaient qu'il ne fallait pas ce jour-là nous chatouiller... Ce fameux «pas de côté» a toujours des résultats époustouflants, alors que nos tentatives d'explications nous remettent à la merci de l'autre, dont on voudrait qu'il nous comprenne et nous approuve, autant d'espoirs qui seront déçus. Que se passera-t-il dans mon couple si je ne réagis plus à certaines provocations rituelles? L'autre sera surpris, dérouté de ne pas me trouver là où d'habitude j'accours. Quand le couple joue chaque soir la même scène autour des mêmes reproches et conflits, la dramaturgie est assurément bien rodée! En n'obéissant plus à cette mise en scène, nous découvrons souvent que l'autre se révèle capable d'improviser et de nous surprendre, après avoir été lui-même désarçonné. Et s'il ne veut rien entendre, restant accroché désespérément à son texte et réclamant nos sempiternelles répliques? Il sera peut-être temps de nous demander si nous avons envie de répéter indéfiniment cette tragicomédie... Vivre ses désirs réclame d'inventer les répliques au fil de la vie, sommes-nous prêt à risquer cette créativité?

Déjouer les pièges de l'amitié

L'amitié peut également devenir un lieu d'exigence terrible, chacun ayant sa propre notion de ce que doit être un ami. Bien souvent, nous allons nous retrouver sur les grandes lignes, mais accepterons-nous certaines divergences ? Le terrain paraît a priori plus neutre que celui de la famille, puisque nous choisissons nos amis, mais à quel prix sont conservées certaines amitiés de trente ans, où chacun se trouve pétrifié dans un rôle, sans possibilité aucune de varier le scénario ! Il n'est pas facile de se dégager de l'image que les amis se font de nous car, quand bien même les qualificatifs sont flatteurs, ils nous enferment, nous réduisent et nous obligent. À nous de ne pas nous laisser piéger, à nous d'introduire du doute : il me trouve très généreuse, cela me fait plaisir, je le prends comme un compliment que je ne vais pas m'échiner à valider, et sur lequel je ne me retrouve pas tout à fait, sans avoir à m'en expliquer. Acceptons enfin qu'une amitié puisse s'achever, comme une histoire d'amour, quand elle s'est vidée de son sens et qu'elle est devenue plus contraignante que joyeuse. « Parce que c'était lui, parce que c'était moi » a été valable à un moment donné, mais ne l'est plus aujourd'hui.

Se méfier aussi de ses enfants !

Osons ce crime de lèse-majesté ! La façon dont nos enfants nous voient, ce qu'ils nous en renvoient, peut être un piège féroce. Et ils sont rusés, nos petits anges, pour nous tendre un miroir flatteur quand ils veulent obtenir, selon leur âge, un gâteau au supermarché ou une permission de minuit.

Dire non, c'est prendre le risque d'être détesté, mais nous ne sommes pas là pour être toujours aimable. Et tant pis pour notre image de maman cool, de papa branché ! C'est encore la meilleure façon de leur permettre d'affiner leur propre désir que de se cogner au nôtre. Les enfants adultes peuvent eux aussi nous assigner à une place définie par eux, notamment dans le rôle de grand-parent. Si par exemple nous cherchons à réparer des relations tumultueuses, si nous traînons quelques culpabilités d'avoir manqué ou failli comme parent, ils nous tiennent par la peau du cou et nous voilà le doigt sur la couture du pantalon, accourant dès qu'ils ont besoin de nous. C'est inouï combien le fait d'aspirer désespérément à être aimé coûte en renoncement et met le désir en berne ! Pourtant, sans être obligé d'être méchant, nous ne sommes pas tenu d'être toujours gentil quand cette amabilité menace notre mobilité.

Aller au-delà du bien et du mal

Nous rechignons en général à ne pas être gentil – c'est-à-dire à ne pas être là où les autres nous attendent – sous prétexte que cela ne se fait pas, que ce n'est pas bien. Mais comment entendre notre désir, qui demande d'écouter ce qui m'anime, dans ce brouhaha de bons comportements prônés ? Souvent, les patients sur le divan battent leur coulpe : il faut que j'arrête d'être comme ci ou comme ça. Un « ci ou ça » qui les singularise et n'est pas ce qu'ils *devraient* être. Oui, pourquoi ? Ce n'est pas bien. Oui, pourquoi ? Silence gêné : ah ! mais quand même… Voilà un argument solide ! Et pour finir : si je lâche sur mes principes, je vais faire n'importe quoi ! Il est curieux que nous soyons aussi méfiant avec nos mouvements spontanés, et si accueillant avec les « devoirs » imposés par d'autres ou dévolus aux autres… Et si c'était ce « pas bien » que nous redoutons tant qui nous empêchait d'être bien, et qui nous fait faire mal ? La morale fait partie de la philosophie, qui reste dans le champ conscient, mais le bien et le mal ne constituent ni le propos ni le champ d'action de la psychanalyse. Serge Leclaire[1] l'a bien résumé : « Il fut un temps où la psychanalyse sentait le soufre et faisait heureusement partie des activités maudites : c'est qu'on savait encore ce qu'elle était, une interrogation sur la jouissance. » Vous voulez faire l'amour avec une chèvre, pourquoi pas ? Mais pourquoi choisir un animal si difficile à attraper ? La psychanalyse doit aujourd'hui résister à la demande permanente de conseils et, même s'il est entendu que nous ne nous passerons pas de références pour conduire notre vie, il nous faudra les choisir nous-même, seule façon de nous les approprier vraiment, d'agir réellement en sujet responsable. Aujourd'hui, les livres de développement personnel font florès, mais comment peut-on être sûr qu'un livre va changer la vie de son lecteur ? Un des derniers best-sellers en date fait lever toute l'Amérique à 5 heures du matin pour être le plus performant possible : où est l'envie ? Des millions de personnes sont-elles vraiment ravies de se jeter au bas du lit dès l'aurore ? Ou répondent-elles à une injonction qui leur fait miroiter, pour quelques euros, une vie meilleure… À la notion de gentillesse, préférons celles de respect et de tolérance, nettement plus intéressantes, car elles relèvent d'une position de sujet assumé, dont la liberté ne peut se vivre isolément ou aux dépens des autres. Quand nous commençons

1. *Psychanalyser*, Seuil, 1968.

à remettre en question ces notions de bien ou de mal, non seulement nous sommes soulagé, mais nous n'en devenons pas odieux pour autant. La psychanalyse n'est pas là pour que le monde s'organise de façon consensuelle, mais elle a cette conviction : quand l'individu est le plus libre et autonome possible, il fonctionne bien mieux avec le collectif.

Faire l'impasse sur le sacrifice

Certains préfèrent se sacrifier pour les autres, se sentant ainsi hautement généreux. Le sont-ils réellement ? Et si c'était une façon maligne d'esquiver leur propre désir ? Ah, on s'est servi d'eux, mais ils ont au moins servi à quelque chose ! En général, ces faux altruistes font payer cher à leur entourage leur dévouement contraint, et peu généreux justement. Les plus efficaces pour aider les autres en Afrique ne le font jamais pour éviter un face-à-face avec eux-mêmes, pour soigner un mal-être ou des complexes. Le dévouement n'est pas suffisant, il est impératif que la personne qui se consacre à une cause y trouve une forme de plaisir. La meilleure façon d'être à l'écoute des autres est d'être à l'écoute de soi et de son désir, de s'autoriser à en jouir. Si nous n'en sommes pas capable, nous n'arriverons pas à tolérer la jouissance des autres, que forcément je jalouserai, prompt à estimer qu'ils ont ce que je devrais avoir ou, pire, qu'ils me l'ont pris. L'autre alors n'étant plus que menace.

Lâcher toute autorisation

Ma jouissance est une notion toujours transgressive, car elle n'est faite ni pour plaire ni pour répondre à une attente, toujours singulière. Là maintenant, à ce moment précis, c'est là que j'ai envie d'aller. L'acte ne sera pas forcément répréhensible, incorrect – il peut même être très bien vu socialement ! – mais nous n'en demanderons l'autorisation à personne, nous ne suivrons pas une voie tracée d'avance. Peut-être devrais-je jouir comme me l'indiquent l'époque, les magazines, les amis ? Objectif impossible : je ne peux être bien qu'à l'écoute de ma propre énergie, à l'instar de cette femme décrite dans un essai de Françoise Giroud[1]. « C'était merveille de la regarder, conduite seulement par l'instinct, ne sachant rien des manœuvres que les stratèges des magazines féminins enseignent à leurs lectrices. Mélancoliques stratèges car, dans les relations humaines comme dans la politique, ceux qui savent tout ne trouvent jamais le point d'application de leur science et finissent, comme Machiavel, professeurs de stratégie, pendant que ceux qui ne savent rien gagnent les batailles. » Alors, vive l'école buissonnière, et ne demandons aucun mot d'excuse !

Oser le questionnement incessant

Reprenons ce fameux *burn out* qui traduit des conditions de travail difficiles, un épuisement dont souffrent de plus en plus de salariés. Loin de nous l'idée de minimiser cette situation actuelle, mais on ne peut s'empêcher de questionner la position de celui qui accepte d'être au bureau de 7 heures à 23 heures. La plupart du temps, il va se rassurer : « Oh ! je n'ai pas à me plaindre, j'ai un travail, un bon salaire ! » Mais à quel prix, celui de voir s'envoler sa vie ? Il y aurait une forme

1. *Histoire d'une femme libre*, Gallimard, 2013.

d'imposture à geindre ou protester, alors que tant de gens sont au chômage, comme s'il s'agissait d'un caprice déraisonnable. Une attitude qui empêche de modifier quoi que ce soit à sa situation. Autre face d'une même médaille, un nouveau concept est en train d'émerger: le *bore out*. À l'inverse de ceux qui souffrent de *burn out*, ces salariés s'ennuient, n'ont rien à faire. Là encore, deux niveaux sont à distinguer: de plus en plus de postes sont vidés de leur intérêt, les personnes sont dépossédées de toute autonomie et finissent effectivement par mourir d'ennui, ce qui freine la productivité de l'ensemble. Mais ce n'est pas toujours le cas, les raisons ne sont pas toujours structurelles et certains s'ennuient parce que leur travail ne leur plaît plus, même s'ils ont beaucoup à faire: un bon salaire ne justifie pas toujours de se désespérer toute la journée à son bureau. De même, il est intéressant d'interroger la notion d'ennui à l'école, aujourd'hui sujet de polémique. Bien sûr, les professeurs ne sont pas là pour distraire les enfants, ce n'est pas le lieu, mais ils seraient toutefois bien avisés d'éveiller leur intérêt sans chercher à les séduire à tout prix. Cela n'évitera ni la contrainte ni l'ennui: certains adoreront l'histoire, quand d'autres attendront fébrilement la fin du cours ou rechigneront à faire leur devoir. Mais n'est-ce pas la mission de tout éducateur de trouver le moyen de motiver ses troupes? Nous avons tous appris d'un professeur que nous trouvions passionnant, ou tout simplement drôle, assurément vivant et donc désirant... Quant à l'adulte salarié, il n'a pas lui non plus à être égayé par son employeur, mais ce dernier a tout intérêt à motiver ses équipes s'il veut qu'elles aient un meilleur rendement. Cette femme chef d'entreprise a imposé à ses salariés de partir tous les soirs à 18 heures, sauf cas exceptionnel. Elle a bousculé un code qui paraît immuable en France, et la productivité n'en a pas pâti, au contraire. Certains se sont rendu compte qu'ils travaillaient mieux ainsi, même si d'autres n'étaient pas très contents de rentrer chez eux plus tôt... Quand nous pestons sur nos horaires de travail, sommes-nous sûr qu'au fond cette surcharge ne nous arrange pas ? Certains n'osent même pas se poser de question, par crainte qu'elle ne les entraîne trop loin. Mais ce n'est qu'en acceptant d'ouvrir une brèche qu'une solution pourra se profiler. En quoi notre vie est-elle gagnante en ce moment ? Nous aurons toujours cette évaluation à faire : qu'est-ce que je gagne, qu'est-ce que je perds dans ce travail ? Est-ce qu'il vaut les sacrifices que je fais en négligeant mes loisirs, ma famille, qu'est-ce qui me coûte et me profite ? Certains jobs passionnants font office de loisirs, à l'instar du témoignage de Michel Onfray que nous citons plus haut. D'autres ne méritent peut-être pas de payer le prix fort, même s'ils paraissent alléchants vus de l'extérieur. Au risque de passer pour un caractériel, jamais content, je préfère chercher ailleurs. Au risque de surprendre, nous tenons à souligner que le coaching peut parfois nous aider à y voir plus clair dans nos décisions, à condition que le coach nous aide à poser les questions sans nous assener ses réponses.

Osons les mots

Comme en analyse, qui consiste à dire sans censure ce qui nous passe par la tête, nous aurons à poser des mots sur notre désir, à tenter de le cerner. Nous allons nous questionner, énoncer ce qui a priori nous fait envie aujourd'hui. Des interrogations que, dans un premier temps, il vaut mieux garder pour nous. En les confiant à nos proches, nous risquons de les effrayer: quoi, tu te demandes si tu ne vas pas quitter ton boulot, tu n'as pas vu la courbe du chômage? Tu veux quitter ta femme, mais quand verras-tu tes enfants? Et si tu finis seul(e)? Avant d'être au clair avec ce que l'on souhaite, une part de soi ne doit pas être donnée en pâture aux autres, au risque, sinon, que leurs mises en garde viennent nous déstabiliser et brouiller notre message. Il s'agit d'abord d'identifier le filet de voix de notre désir, le dégager de ses freins et contradictions, avant d'en monter le son. Car dans ces moments de remise en question, nous sommes fragile et fort à la fois. Que va dire notre mère, inquiète de nature, si nous songeons a quitter notre domicile? Et notre meilleure amie, comment va-t-elle réagir à mon désir de tour du monde, alors que je suis son pilier? De plus, parler trop tôt peut signifier que nous attendons que les autres valident nos décisions, au risque de perdre le fil de notre désir! La plupart des gens donneront des conseils à travers le prisme de leur vécu, ne parlant bien souvent que de leurs propres peurs. L'essentiel du dialogue se passe de soi à soi, et ce n'est qu'une fois le désir affirmé que nous pouvons nous en ouvrir aux autres, dont alors nous n'attendrons si solution ni autorisation. Ce qui nous permettra de profiter au mieux de leurs éventuels conseils.

Cesser d'être victime

La faute à papa, la faute à maman? Même s'il est salutaire de revenir sur des épisodes douloureux de sa vie, il ne faut pas se contenter de regarder sans cesse dans le rétroviseur, une façon commode de faire du sur-place. En questionnant nos souvenirs, nos certitudes, cette histoire irréfutable le devient nettement moins. Une femme a été très surprise de la teneur des lettres qu'elle avait envoyées à ses parents quand elle vivait à l'étranger, où elle était partie pour fuir une famille asphyxiante. Ces missives traduisaient une proximité affectueuse qu'elle avait rayée de sa mémoire. En les relisant, elle a assoupli sa position, reconsidéré la vision qu'elle avait de sa jeunesse, ce qui lui a permis une certaine réconciliation. Certes, ce doute ne supprime pas la souffrance qui a pu être la sienne, mais en la relativisant il lui a permis de sortir de ce statut d'éternelle victime pour devenir actrice et responsable de sa vie et de ses choix. Car en attribuant nos impasses actuelles à nos maux d'antan, nous nous dédouanons et faisons l'économie de tout changement.

Restons discret

Sortir des clous, faire l'école buissonnière n'a pas besoin d'être forcément raconté aux autres. Il ne s'agit pas de culpabilité – celle-là au contraire nous fait « avouer » –, mais nous n'avons pas envie de dire que quelquefois nous allons au cinéma en plein après-midi : c'est un petit plaisir que nous savourons et ne racontons à personne. Méfions-nous de ceux qui agitent leur liberté de comportement avec trop d'emphase. En cela, Gérard Depardieu est un homme intéressant : il affiche une belle liberté d'esprit dans son comportement parfois excessif, il génère des scandales, puis soudain balaie l'image que l'on se fait de lui d'un revers de main ou de mot. Pour s'en convaincre, il suffit de revoir la formidable interview de François Busnel[1] : on peut y constater

1. La Grande Librairie.

qu'il est loin de n'être qu'un soudard à la solde de Moscou, qu'il se montre aussi un fin lettré, autodidacte passionné de littérature. Fabrice Lucchini se présente lui aussi comme un personnage affranchi des codes imposés, mais l'est-il autant qu'il le claironne ? Dans chaque interview, il fait son numéro, tire sur les mêmes ficelles, appuie sur les touches qui vont fonctionner, il connaît si bien ses interlocuteurs. Peut-être sa jouissance est-elle d'en jouer ainsi ?

Oser la démesure

Nous ne voulons pas renoncer à notre vie de famille, pas plus qu'à notre travail, ni à notre cours de danse ou de piano ? Et pourquoi ce ne serait pas possible ? Sortons de la logique du *ou* pour entrer dans celle du *et*.

Le juge Trevidic, spécialisé dans le terrorisme, et que l'on imagine volontiers débordé par sa fonction, joue de la musique et a trouvé le temps d'écrire un roman, projet qui lui tenait à cœur depuis des années. On ne peut pas tout avoir ? Mais si on essayait ? C'est indécent ? Tant mieux ! Le temps n'est pas une donnée tangible pour le désir : quand l'envie est là, il se dilate, nous bouclerons plus rapidement un dossier pour dégager deux heures à consacrer à notre passion. Quand nous sommes dans l'énergie de notre désir, nous sommes toujours plus efficace.

Accepter le ressac du désir

Certaines chansons de Barbara illustrent ce va-et-vient du désir, à l'instar de « La joie de vivre » : elle ne prévient pas, elle arrive, repart pour revenir encore. Ou bien « Vienne » où une femme s'est rendue seule, pour faire le point sur une relation amoureuse ombrageuse. « Je suis bien à Vienne sans toi », chantonne Barbara, et quelques semaines plus tard : « Il est minuit ce soir à Vienne, mon amour, il faut que tu viennes. » Pour laisser la place au désir, il faudra accepter qu'il nous échappe. Si nous nous agrippons, nous restons du côté de Thanatos, préférant ne pas trop vivre pour ne pas trop mourir. Mais cette économie est mortifère, à l'instar de la tumeur cancéreuse, cette cellule qui ne consent pas à mourir, prolifère et envahit l'organisme, finissant par le tuer. D'ailleurs, ceux qui ont une phobie du cancer craignent souvent de se lancer dans la vie, tant ils ont peur de la perdre. Dès que nous vivons, nous risquons de mourir, dès que nous aimons, nous risquons de ne plus aimer, nous n'en aurons jamais fini avec cette donnée-là. Le psychanalyste est toujours ému en voyant un patient s'ouvrir à la vie, toujours surpris de constater qu'il devient de plus en plus beau au fil de ses séances, quand la musique de son désir enfin se fait entendre.

10

Les risques à ne pas suivre son désir

Quand je m'étends sur le lit, j'ai l'impression de me coucher dans un cercueil.

Milena BUSQUETS

Lorsque nous tournons le dos à notre désir, nous subissons notre vie au lieu de la vivre, avec le sentiment pénible de n'avoir aucune prise sur elle, d'avancer à contre-courant. Quelques conséquences de cette résignation ?

Renoncement, résignation, aigreur : un trio perdant

Soupirer sur un choix que décidément nous n'aurions pas – vous croyez que la vie est facile, que l'on fait ce qu'on veut ? –, pester sans cesse contre les autres, tous des égoïstes ! Ces autres dont on aura l'impression que pour eux tout est simple... Bien souvent, sous le fallacieux prétexte d'être intègre ou de faire – lui ! – son devoir, le résigné accepte l'inacceptable, pour ensuite ruminer dans son coin. Ah ! il n'est pas comme tous ces hypocrites qui passent leur temps à flatter la hiérarchie et lui laissent le travail à terminer ! Et qui reconnaît ses efforts ? Il dépense une énergie folle à démontrer qu'il est irréprochable, sans jamais en être récompensé, en quête d'une reconnaissance qui, s'il l'avait, ne serait jamais à la hauteur de ses efforts et ne pourrait compenser le poids de ses frustrations. En adoptant cette attitude de bon élève soumis cherchant à plaire au maître, ce sont ses propres désirs qu'il refoule et méconnaît, devenant par là une proie idéale au harcèlement. En effet, ceux qui jouissent d'avoir les autres sous leur coupe les repèrent instinctivement, un simple regard noir, une remarque acerbe suffisant à assommer le salarié besogneux, jeu pervers aux aboutissants dramatiques très bien décrit par Delphine de Vigan dans son roman *Les Heures souterraines*. De temps en temps, lassé d'être malmené, l'un pourra avoir un sursaut, mais qui ne durera pas s'il n'est pas sûr de sa légitimité à se rebeller : « Qui suis-je pour oser m'opposer ? » Cette passivité justifie toutes ses litanies résignées, l'aliénant toujours davantage à son bourreau et l'installant dans un mal-être qui peut devenir sa norme. S'il tendait l'oreille au filet de voix de son désir, il bougerait imperceptiblement de sa position et constaterait rapidement un changement d'attitude à son égard. S'il pouvait retrouver l'audace de s'écouter, même modestement, au risque de ne pas être aimé par tous, de surprendre ou de décevoir, il retrouverait une dignité et la force de se faire respecter, infiniment plus précieuses que cette approbation qu'il recherche en vain. Hélas, peu se hasardent à sortir de cette place imaginaire qu'ils ont eux-mêmes contribué à définir, sans se rendre compte du mal qu'ils s'infligent à marcher à contre-courant de leurs désirs. Et plus le temps passe, plus l'énergie manque pour se défendre, plus l'on devient vulnérable. L'aigreur fait souvent son apparition : malheureux, notre résigné cherche des coupables : LES gens, cette fameuse « époque » pointée du doigt comme une entité à laquelle il ne participerait pas. Se sentant rejeté du monde, d'un « monde » tel qu'il se l'imagine et dont forcément tous les autres font partie, il lui en veut et préfère s'en exclure lui même. Une marginalité invoquée comme une supériorité, « je ne suis pas comme vous ! », mais qui n'engage aucune action ni changement, et qui ne soulage pas le quotidien. Car n'avons-nous pas tous une responsabilité pour que notre monde s'améliore ? De nombreuses protestations sont justifiées et salvatrices. Toutefois, ces contestations ne s'adressent pas à un seul et unique monde, mais à un environnement aux visages multiples et truffés de paradoxes. Celui qui s'insurge à juste titre contre les nouveaux modes de management qui dressent les salariés les uns contre les autres n'en conclura pas forcément que l'époque est à bannir dans son ensemble, ce qui ne laisserait d'autre choix que de la subir. Il repérera les zones de combat où intervenir, même de manière apparemment dérisoire, tandis que le résigné baissera les bras : que voulez-vous que j'y fasse ? Tous pourris ! En bute à un système auquel il confère une toute puissance imaginaire, il en attend cependant une reconnaissance impossible, une validation de son existence, au détriment de ce qui lui tient réellement à cœur – qu'il aurait trop peur de sonder – négligeant son désir et passant à côté de sa vie…

C'était mieux avant ? Pas sûr…

Quand le présent ne nous convient guère, il est tentant de se tourner vers un passé forcément idéalisé. Notre aigri a la nostalgie d'une période dorée et révolue, soupirant que, décidément, « c'était bien mieux avant ! » Ont-ils eu une jeunesse palpitante, ces passéistes ? Certains peut-être mais pas tous, loin de là, et ils regrettent un âge d'or qui n'a jamais existé, qu'ils n'ont jamais connu, une aventure qu'ils n'ont jamais tentée. La mélancolie leur sert à se protéger du présent, à éviter de s'y confronter et par là de l'habiter. Au fond, de quel passé parlent-ils ? D'un temps où les enfants n'avaient pas le droit de parler à table ? Où les femmes devaient demander la permission à leur mari pour travailler ? Où s'aimer n'était pas la motivation première pour s'engager ? Où l'on gardait peut-être la grand-mère sous son toit, laquelle ne se privait pas de se venger d'une vie de frustrations sur sa belle-fille, comme on le voit encore dans de nombreuses parties du globe ? Cette nostalgie de la famille ancestrale fait fi des libertés gagnées, occulte la violence qui y circulait, l'absence de choix de ses membres à conduire leur vie. Qui voudrait vivre aujourd'hui, et sous nos cieux, de telles contraintes ? Même notre aigri et notre nostalgique ne les accepteraient pas, mais ce fantasme d'un avant simple et serein est si commode pour ne pas interroger leur vie actuelle. Le désir nous oblige toujours au présent, même si certaines choses du passé nous manquent : oui, c'était mieux quand on pouvait nager dans les rivières aux eaux limpides, pêcher des écrevisses qui n'avaient pas encore disparu. Mieux encore quand nos aliments n'étaient pas bourrés de pesticides, que nos abeilles butinaient sans être empoisonnées. Oui, les conditions de travail ne sont pas faciles, mais travailler soixante heures au fond des mines, ce n'était pas terrible non plus… Dans une de ses chroniques, le romancier David Foekinos[1] adresse un

1. *Psychologie*, janvier 2010.

message à ces « mieux-avantistes » comme il les nomme : « Je voudrais juste leur rappeler ceci : avant, on mourait d'une angine. De nos jours, Mozart aurait composé douze opéras supplémentaires, c'est le premier exemple qui me vient pour vanter le présent. »

Nous avons indéniablement gagné en liberté, en temps libre, en temps de vie, et quand nous cessons d'idéaliser le passé, nous sommes capable de considérer ce qui aujourd'hui nous convient, ce qui aujourd'hui est à changer pour demain.

Regrets éternels

Qu'il est pesant, ce regret ! Sans doute avons-nous fait des erreurs dans notre vie, mais la pire serait de n'avoir rien – ou tout – à regretter, d'être pauvre de n'avoir rien désiré, rien tenté. Évidemment, nous aurions pu éviter certaines décisions, une liaison malheureuse et sans issue, un déménagement qui n'a rien arrangé à nos affaires sentimentales ou professionnelles, mais ces échecs nous ont appris quelque chose sur notre désir, comme nous l'avons longuement détaillé, et ne nous ont pas entravé pour continuer notre route. À l'inverse, celui qui regrette est souvent resté fixé sur un embranchement loupé, ou espéré, organisant toute sa vie présente autour d'une occasion jadis manquée : cette femme qui lui proposait de quitter leur couple respectif et dont il se dit aujourd'hui qu'elle était l'amour – manqué – de sa vie ; cette occasion de travailler à l'étranger que l'appréhension ou la naissance du dernier l'a empêché de saisir, provoquant le fantasme d'une carrière qui l'aurait mené alors aux plus hauts sommets. Une certitude qu'aucun passage à l'acte n'aura ébranlée…

S'il avait suivi son désir, s'il avait tenté l'aventure de cet amour ou de l'expatriation, il aurait connu des loupés, mais aussi des réussites, cela n'aurait assurément pas été comme il se l'imagine. Le regret en tout cas empêche de questionner notre envie réelle d'alors : si nous ne l'avons pas fait, n'est-ce pas aussi parce que nous n'en avions pas suffisamment le désir ? Voilà ce qu'il aurait fallu vérifier en s'approchant au plus près de cette possibilité. Alors, n'ayons pas peur de nous lancer, quitte à nous brûler un peu les ailes – elles se régénèrent ! – pour ne pas avoir le regret de ce qui aurait été si… de la vie – forcément formidable ! – que nous aurions pu avoir. « Vous voulez le punir ? Privez-le de danger ! » constatait Cyrano de Bergerac, à propos de l'homme.

Cette impression que suivre notre désir pourrait nous anéantir en cas d'échec est le piège de ce moi idéalisé, et figé, qui nous empêche d'avancer, et que tout passage à l'acte met à mal. Une réserve toutefois : il ne s'agit pas de mal interpréter la formule célèbre « ce qui ne tue pas rend plus fort », comme si la souffrance était nécessaire pour progresser dans la vie, vision chrétienne et peu conforme à ce qu'a voulu dire Nietzsche, qui appelle plutôt au dépassement de cette image de soi que le moindre passage en acte anéantira. De même, sa théorie du surhomme est loin de faire l'apologie du puissant qui tente d'imposer sa force au plus faible, mais prône l'individu qui ne cède pas à l'invitation à la tiédeur, à la rondeur, qui n'en rabat pas sur ce désir qui l'anime et pousse les murs.

Le refoulé en boomerang

Nous ne pourrions pas vivre sans un certain refoulement, façon de faire le tri dans nos élans et pulsions, de les organiser selon le lieu et le moment, en fonction de la réalité dans laquelle on s'inscrit. Un refoulement qui lui-même accompagne l'énergie du désir et en permet la réalisation, sauf s'il joue seulement contre lui et le bride systématiquement. Quand l'énergie désirante ne trouve pas d'issue, elle va nous revenir comme un boomerang, nous faucher en plein vol : c'est le fameux retour du refoulé. Cette rétention, ce refus d'écouter et de suivre nos élans, cette méfiance de toute tentation, peut même devenir catastrophique à mobiliser toute notre énergie à ligoter un ça qui trépigne, nous transformant en mouton qui ne broute que dans le pré désigné par d'autres. Mais si notre « sale gosse » ne peut pas assez s'exprimer, il reprendra forcément, à un moment ou un autre, les rênes et nous fera faire effectivement n'importe quoi. Ainsi, ceux qui ne jurent que par la fidélité conjugale, s'empêchant d'imaginer la moindre incartade, affirmant leur hermétisme à toute tentation et méprisant ceux qui y succombent, ceux-là sont les meilleurs candidats aux tromperies sordides, les préceptes rigides étant toujours les plus fragilisants. Ils se feront payer très cher l'effondrement de leur personnage intègre et maître de ses actes, l'entorse au contrat n'aura rien de réjouissant et sera amère, la culpabilité les privant de tout plaisir et de tout discernement. Si au cours de leur travail analytique, ils s'autorisent l'éventualité de désirs « non autorisés », s'ils osent déloger cet inter/dit coulé dans le marbre et qu'ils écoutent ce qui se dit entre ses lignes, ils se rendent compte qu'ils ne vont pas multiplier pour autant les amants et les maîtresses, peut-être vont-ils re-choisir leur partenaire légitime parce que, finalement, c'est avec lui qu'ils ont envie d'être. Ayant accepté l'idée de désirs infidèles, ayant renoncé à cette posture du « moi jamais ! » qui rend la transgression plus affolante encore, ils peuvent découvrir sans même passer à l'acte que leur désir circule et s'épanouit dans le couple, qu'il n'a pas besoin de s'arrimer à tant de certitudes et d'interdits pour rester dans les clous. Et si, d'aventure, ils s'autorisent quelque chemin de traverse, ils se rendent compte bien souvent que l'herbe n'est pas plus verte ailleurs... Ne s'étant pas interdit d'aller gambader dans un autre pré, ils font le choix de rester dans le leur, plus légers de ne pas s'en sentir obligés, n'étant plus menacés par un retour de ce qu'ils auraient trop refoulé.

Une vie si fatigante

Nous avons vu que le désir pouvait être inconfortable, mais ne pas le suivre l'est bien davantage ! À marcher sans cesse à côté de nous-même, ou avec aux pieds des chaussures qui ne sont pas taillées pour nous, on vit une vie qui ressemble à un chemin de croix. Que risquons-nous à bâillonner ainsi notre désir ? D'avancer contre le vent et en butte à une existence qui nous paraît si fastidieuse... À l'inverse, porté par notre désir, même si la tâche est d'importance et induit des heures de travail, elle nous semble légère tant nous sommes excité, motivé, tant nous y trouvons de profit ; et, même si nous sortons épuisé par quelques nuits écourtées, nous récupérerons vite. Certaines personnes passent leur vie à geindre, tout les épuise à l'avance, même aller au théâtre ou préparer à dîner pour des amis. Mais n'est-ce pas plutôt de vivre une vie qui ne leur correspond pas qui les plombe, de recevoir des gens qu'au fond ils n'ont pas de réel plaisir à fréquenter ? La fatigue constitue une véritable sonnette d'alarme, signalant un désir qui ne trouve pas à s'exprimer et se retourne contre soi. Épuisé sans raison, nous nous traînons au fil des jours, ralentissant encore le rythme, peinant pour tout, notre état ne tardant pas à nous signaler qu'il est temps de nous bouger au lieu de nous reposer encore !

Quand le corps rue dans les brancards

Dès que notre énergie désirante est entravée, elle risque de s'engorger et nous rendre malade. Notre corps finit par se rebeller et par nous alerter à coups de contrariétés : insomnie, maux de ventre, herpès…, autant de troubles qui nous signalent que nous n'avons peut-être pas la vie qui nous va. Freud, à la suite de Charcot, a mis en lumière ces symptômes psychiques qui s'expriment par le corps, dont la logique et le langage échappaient à l'entendement de la science. Nous avons tous des géographies particulières : certains feront des poussées d'eczéma, d'autres auront des ulcères, sans compter cette fatigue que nous venons d'évoquer, et les crises d'angoisse, que nous allons détailler. Chez d'autres encore le corps ne sera pas le principal porte-voix de notre mal-être, qui se traduira par des actes manqués et autres ratés éloquents. Beaucoup aimeraient bien être débarrassés de la psyché : dès qu'une découverte scientifique vient localiser un point déterminant dans le cerveau qui expliquerait quelques-uns de nos dysfonctionnements, ou qu'un nouveau gène est débusqué, ils applaudissent en pensant mettre tous les psys au chômage : la science et sa logique imparable auraient enfin réponse à tout, et à terme le remède qui va avec. Mais ce n'est pas parce qu'un trouble trouve sa raison d'être dans une prédisposition corporelle que la psychanalyse deviendra inutile : l'humain aura toujours besoin d'un lieu pour parler de sa souffrance et, s'il existe un médicament qui l'apaise, sa source n'en sera pas pour autant tarie. Et même si la neurologie et la biologie sont concernées, la façon dont corps, esprit et inconscient s'articulent feront toujours la singularité de chacun, et la spécificité de ses troubles. Le diagnostic peut lui aussi venir mettre un couvercle sur toute interrogation : la bipolarité, qui a le vent en poupe, est une réponse satisfaisante à beaucoup de maux. On a trouvé un diagnostic commode où ranger ceux qui nous dérangent ! Sans que leurs hauts et bas aient besoin d'être interrogés, et sans compter que cela fait fonctionner l'industrie pharmaceutique. Le marché de la souffrance psychique, en France notamment, ne s'est jamais aussi bien porté. Une femme qui venait de perdre son père s'est vu proposer par son médecin des antidépresseurs… quinze jours après le décès ! Où est le droit à la tristesse du deuil ?

« C'est sûrement psy » ou la double peine

Malheureusement, l'explication psy n'est pas non plus toujours posée à bon escient. « Sa femme l'a quitté ? Ne cherchez plus, il a *fait* son cancer après ! » aurait pu assener un autre généraliste, plus versé dans la psychologisation. Mais comment établir un lien aussi rapide ? Nous n'avons pas un cancer simplement parce que nous sommes déprimé, ce n'est pas une raison suffisante. De plus, un tel propos insinue une responsabilité culpabilisante, stigmatise la personne, comme si elle s'était « fabriqué » sa maladie de toutes pièces, à la mesure de son malheur, ce qui constitue assurément une double peine ! Cette affirmation suggèrant de « travailler » sur elle, la personne n'aurait pas donné prise à la maladie. Bien sûr, il ne s'agit pas de nier que le corps soit aussi un vecteur de l'inconscient, mais de dénoncer ces raccourcis et ces pseudos-évidences, interprétations sauvages et tout à fait hasardeuses. À la suite d'un licenciement, nous pouvons tomber malade, mais qui peut dire que l'affection n'était pas déjà là à bas bruit, et que d'autres frustrations, inavouées, ne l'avaient pas encouragée en amont ? Quittons cette logique binaire, la réalité est bien plus subtile. Si tous les membres de la famille souffrent d'allergies ou de diabète, il y a des risques que vous en soyez également affecté, sans aller chercher les difficultés de la vie ou un quelconque déni qui se traduirait ainsi. Et même si les crises se déclenchent sur une contrariété, vous aurez besoin d'un traitement physiologique, pas uniquement d'une psychothérapie.

Le corps parle, bien sûr : lorsque nous sommes contrarié, nous nous cognons plus que de raison, nous trébuchons au sens littéral du terme, nous laissons échapper des objets, nous nous brûlons avec la casserole. Mais nous pouvons aussi tousser à cause d'une pharyngite sans avoir une contrariété en travers de la gorge, nous provoquer un lumbago en portant une charge trop lourde, sans que cela signifie que nous en avons plein le dos ! La vulgarisation de la psychologie a entraîné cette dérive vers les explications sommaires et définitives. « Ah bon, tu es grippée ? Remarque, avec tout ce qui t'arrive en ce moment, ce n'est pas étonnant ! » susurre notre ami d'un air entendu et docte. Et si affirmer savoir d'où vient notre maladie était encore une façon de ne pas fouiller plus avant, d'explorer d'autres pistes ?

L'angoisse, un signal du désir

L'angoisse ne repose pas sur une peur fondée, mais sur des craintes diffuses, irrationnelles. Ses manifestations passent par le corps: elle serre le ventre, oppresse la poitrine, les mains deviennent moites, le cœur s'affole. Même si elle se signale aussi par certains mêmes effets, elle est différente de la peur ou du trac que nous connaissons avant un entretien d'embauche, ou quand nous prenons la parole en public: nous pouvons nous liquéfier tout en sachant que nous aimons l'exercice, et que nous ne céderions notre place pour rien au monde. L'angoisse, elle, signal d'un désir refoulé ou contrarié, n'a pas d'origine cohérente et ne se raisonne pas: le ça se manifeste ainsi, n'ayant pas trouvé à s'exulter, il mobilise le corps et le contraint. Elle est un rappel à l'ordre qui nous empêche de continuer à fonctionner selon nos petits arrangements, sans que pour autant nous ayons à ce moment les moyens de les lâcher – bref, elle nous coince. Quand elle est trop massive, qu'elle nous tétanise, il est difficile de la transformer ou de s'en extirper, comme lorsqu'une phobie par exemple nous prend en otage et nous rend sourd à tout bon sens. Mais la plupart du temps, avant qu'elle nous domine, nous serions bien avisé de l'accueillir et d'écouter son alarme… sans chercher à lui clouer le bec à coups de méditation ou de respiration abdominale! Comme la culpabilité, elle empêche de penser, elle brouille l'esprit et devient obsédante des efforts dispensés à la bâillonner, à la canaliser peu ou prou pour pouvoir fonctionner. Pourtant, au lieu de l'aborder en ennemi dont il faudrait se débarrasser à tout prix, il est plus intéressant de l'approcher de façon moins hostile, moins défensive, de considérer qu'elle part de soi et parle de soi. Que vient-elle me dire? Qu'est-ce que je me raconte, ou plutôt, qu'est-ce que je ne veux pas entendre? Il serait dommage de laisser passer ce rendez-vous avec soi…

Insomnie, alcool et dépendance

La difficulté à s'abandonner au sommeil peut traduire un mal-être que nous n'avons guère envie de questionner. L'endormissement, en nous privant de notre conscience, et donc d'un certain contrôle de soi, laisse libre cours à un inconscient dont le désir est le moteur puissant, et que rien ne vient alors censurer. Les rêves, écrivait Freud, sont la voie royale vers l'inconscient, et leur configuration cauchemardesque ou absurde une façon pour notre préconscient de s'en défendre et de ne pas entendre les désirs qui s'y défoulent.

Pour autant, il est des sommeils de plomb qui ne sont guère reposants, et dont la lourdeur peut signer un refus d'affronter ce qui s'y agite, tandis que certains vivent bien leur nuit passée à lire et n'en font pas un drame. Marguerite Yourcenar prenait ses insomnies comme une invitation à penser, et l'on ne compte plus les romanciers qui se lèvent à 4 heures du matin, réveillés par une histoire qui ne peut pas attendre. Aux difficultés de sommeil, ajoutons les prises excessives de médicaments et d'alcool. Que viennent-elles masquer ? Que cherche-t-on à étouffer ? Il peut être bon de s'y arrêter un moment, surtout quand ces béquilles nous deviennent habituelles, voire indispensables…

La dépression : une deuxième chance ?

À force de nous renier, de ne jamais nous écouter, nous risquons de franchir une étape supérieure et tomber en dépression. Le désir négligé se venge et se retourne contre nous. La dépression est un effondrement, un hurlement qui vient dire à soi-même et à l'entourage : ça ne peut pas durer comme ça ! D'ailleurs toute action s'en trouve empêchée, voire tout à fait stoppée quand on se retrouve cloué au lit, prostré. Ceux qui nous encouragent à faire un jogging pour nous secouer n'ont même pas l'idée de l'effort à fournir pour nous baisser et lacer nos chaussures ! Il s'agira d'écouter cette voix qui en nous crie stop, qui implore une nouvelle façon de fonctionner : dès que nous admettons que nous sommes en train de mourir à petit feu, nous voilà prêt à renaître. La dépression met également à mal l'entourage, elle vient l'interroger, tant elle est dérangeante et douloureuse à vivre, car il se sent totalement impuissant. Sans compter que la maladie remettra en question un équilibre trouvé, peut-être lui aussi, à coups de renoncements…

Ainsi, le mari de cette patiente déprimée refusait d'accepter sa maladie, et même de prononcer son nom : il parlait de fatigue générale, et elle avait beau lui dire que le médecin avait diagnostiqué une dépression, il ne voulait rien entendre. La maladie, admise et reconnue, poserait une question à la réponse d'avance insupportable : tu n'es pas heureuse avec moi ? Parfois, et malheureusement, la personne déprimée rentre dans le rang, renonçant à faire de cette dépression une deuxième chance pour elle et peut-être pour son couple. Cet épisode vient souvent réveiller de vieilles douleurs qui n'ont pas trouvé à s'exprimer, il révèle des fardeaux avec lesquels il n'est plus possible de composer. C'est pourquoi on peut voir des personnes tomber en dépression alors qu'elles ont apparemment « tout pour être heureuses ». Les digues qu'elles avaient édifiées ont fini par céder. Vont-elles mettre fin à ce déni qui leur tenait la tête hors de l'eau jusque-là – mais au prix de quels efforts !

– ou temporiser leur tristesse et laisser passer cette chance de soigner enfin ces blessures du passé ?

Quand les résistances deviennent trop fortes

Nous pouvons nous démener pour retrouver le fil de notre désir, et ne pas y parvenir tant nos résistances se montrent tenaces. Contrairement à ce qu'affirment les adeptes du développement personnel qui font fi de l'inconscient, il ne suffit pas toujours de vouloir pour pouvoir.

Si nous avons le sentiment de passer à côté de notre vie, d'être habité par d'obscures batailles qui ne débouchent sur rien, il est temps d'essayer d'y voir plus clair avec l'aide d'un thérapeute. L'analyse relève toujours d'une impérieuse nécessité, d'une souffrance qui se traduit par « ça ne peut plus continuer comme ça ! ». La plupart des analysants ignorent les raisons réelles – ils les découvriront en cours de route – qui les conduisent sur le divan, mais ils savent au fond d'eux que leur vie ne leur va pas ainsi. Tant que nous pouvons poursuivre notre route cahin-caha, tant que nos arrangements et rustines tiennent à peu près, nous n'engageons pas de changement, seul le sentiment d'être dans une impasse ou au bord d'un précipice nous conduit à prendre rendez-vous. C'est pourquoi il ne sert à rien de faire du prosélytisme, la décision de faire une analyse ou pas ne dépend que de soi. D'ailleurs, qui sommes-nous pour nous poser en juge de ce qu'il faut vivre ou pas, de ce dont l'autre veut ou aurait besoin ? De toute façon, nous aurons beau nous époumoner, l'autre n'entendra que ce qu'il veut entendre, ce qu'il est prêt à entendre. Et si ce qui nous paraît absurde ou trop névrotique procure à l'autre suffisamment de bénéfices, secondaires ou pas, pour qu'il continue ainsi, il sera vain de dénoncer l'inanité ou la précarité de son système. « Personne ne peut amener l'inconscient sur un plateau, qui n'est pas une part de nous-même, mais nous, en tant qu'être pensant. L'enfant, lorsqu'il paraît, n'est qu'inconscient, sa conscience va s'élaborer au fil du temps. Il est un entrelacs de signifiants issus de notre histoire, notre généalogie, notre géographie, signifiants qui à notre insu, et sans correspondance avec la logique de notre pensée, nous animent. L'inconscient est dynamique, il est le lieu de nos pulsions, de nos désirs, de nos jouissances, la poubelle de nos refoulements, le moteur de nos actions. Bref, il est ce qui nous fait être. Et paradoxalement, c'est en nous en remettant au psychanalyste, à son écoute qui nous fait entendre quelque chose de notre dynamique inconsciente, dans le cadre précis de la cure, que nous allons pouvoir nous prendre en charge. Suivre notre désir va nous permettre le discernement vis-à-vis de tous les maîtres à penser : même si nous acceptons leurs conseils sur certains points, nous garderons notre libre arbitre sur l'ensemble[1]. »

Dépasser la peur de l'inconnu

En réhabilitant le doute, en encourageant des questionnements plus intéressants que des réponses standard, l'analyse libère cet espace nécessaire à la circulation du désir. En relativisant nos croyances, nous allons pouvoir déloger peu à peu nos névroses, nous déplacer. Nous serons prêts à composer

1. Voir Sophie Cadalen, Bernadette Costa-Prades, *La Belle Ambition,* Lattès, 2013.

avec l'inconnu, alors que jusque-là, refusant l'incertitude, nous peinions sur notre chemin. À la différence des promesses des religions et des coachs, l'analyse ne vend pas d'illusion, elle invite à écouter et accepter ce qui en nous s'agite, à oser s'en approcher. Au fond, qu'est-ce que je risque à tenter une aventure dont je caresse le rêve ? De découvrir que j'en suis capable ? Que cela me plaît ? Car la peur consciente de l'échec ne fait pas le poids face à la peur inconsciente de la réussite, de loin la plus pesante. Nous portons tous la crainte de voir s'épanouir en nous ce diablotin qui, dopé par son succès, ferait peut-être n'importe quoi et précipiterait notre perte, héritage certain de la culture catholique qui n'encourage ni le plaisir ni l'excès, et brandit la menace de la punition divine. Alors nous nous retenons et nous rassurons : « Oh ! il y a plus malheureux que moi dans la vie ! » Pour aller vers notre désir, il va falloir cesser de nous échiner à nous contenter de ce que nous avons. Nous n'avons guère été encouragé à jouir sans réserve, avons rarement vu notre entourage s'autoriser à vivre pleinement, et pourtant, la gourmandise n'est pas la gloutonnerie. S'aventurer vers une destination inédite, pour soi, ne signifie pas que nous n'aurons plus la main sur rien : nous tiendrons davantage les rênes de notre existence en enclenchant ce mouvement, qu'à passer notre énergie à gérer notre mal être. En accueillant nos angoisses, en ne les fuyant pas et en les questionnant, elles perdent en menace et en intensité, jusqu'à s'estomper. Elles resurgissent ? D'abord nous les reconnaissons, elles ne nous attrapent plus en traître, et nous pouvons demander alors ce qu'elles viennent nous dire, à ce moment de notre vie, et repérer sur le divan quel désir s'en trouve bloqué.

Choisir à nouveau sa vie

Après avoir dégagé la route des comportements névrotiques qui l'encombraient, nous serons en mesure d'être plus libre dans nos choix, même si apparemment notre situation n'a pas changé. À l'inverse, tant que toute perspective de changement, même infime, nous paraît impossible et nous panique, nous n'avons pas d'autre issue que d'aménager notre vie autour du socle immuable de notre symptôme ou de notre frustration, comme cette patiente qui a refoulé sa dépression pour épargner l'équilibre de son couple.

Dès que l'hypothèse d'un changement n'est plus honnie ou refoulée, peut-être choisirons-nous ce que nous avions déjà, mais nous serons dans un tout autre état d'esprit, libéré de nos peurs ou d'un idéal fantasmé mais jamais approché. Ainsi une femme a décidé de ne pas quitter son mari pour des raisons qui la regardent et elle assume pleinement sa double vie, en dépit de son entourage. Ayant cessé de craindre de réaménager complètement son existence, elle a réalisé qu'elle n'en avait pas l'impérieuse nécessité, et puisque chacun s'y retrouve… Certains choisissent un confort matériel assumé, comme cet homme qui souhaite rester avec sa femme qui n'a pas sa pareille pour recevoir et lui est précieuse dans sa vie sociale, et elle, pour sa part, n'a guère envie de renoncer à ses acquis pour vivre chichement dans un studio. L'un et l'autre arrêtent de se réclamer à un endroit où ils ne seront jamais, aptes alors à redéfinir les termes de leur contrat – qui n'ont pas forcément besoin d'être précisés – une attitude bien différente que de remettre le couvercle sur la marmite, de se mentir à soi et d'en vouloir à l'autre.

S'admettre humain, donc imparfait…

Notre époque – allez, tombons nous aussi dans le travers de la généralité, puisque nous sommes imparfaits ! – n'a que la performance à la bouche. Les livres de développement personnel visent une perfection impossible à atteindre – tout en nous enjoignant d'y renoncer mais en « travaillant » à nous améliorer – et ne prennent pas en compte nos contradictions, nos incapacités qui soulignent souvent que notre désir ne s'épanouit pas de ce côté-là. La psychanalyse n'est pas épargnée non plus par cette tentation de toute-puissance, et pourtant, même après des années de divan, nous aurons à nous réconcilier avec notre part d'incompétence et d'inconsolable. Oui, nous aurons à composer avec nos manques, nos travers, nos fragilités – bien moins menaçantes quand on les réhabilite –, plus aptes à les reconnaître, moins absorbés à s'en défendre ou à les dissimuler à tout prix. À reconnaître et admettre ce qui en nous peut faillir, nous saurons faire avec, de plus en plus rapides à nous relever quand nous trébuchons, de moins en moins sensibles à ce que les autres pourraient en juger. Comme les personnages des romans qui nous intéressent, nous ne sommes pas parfaits, taillés dans une seule pièce. En nous accommodant de nos balbutiements tout en les identifiant, nous irons mieux… et le monde avec nous !

11
Le désir n'a pas d'âge !

Le monde est un appel et une promesse. Il y a partout des êtres remarquables, des chefs-d'œuvre à découvrir. Il y a trop à désirer, trop à apprendre et beaucoup de pages à écrire. Tant qu'on crée, tant qu'on aime, on demeure vivant. J'espère rester immortel jusqu'à mon dernier souffle.

Pascal Bruckner

Certains pensent que le désir, comme les yaourts, a une date de péremption et saisissent le prétexte des années écoulées, définitivement envolées, pour se retirer de la scène de façon commode et convenable. Finis les affres et les tourments ! Au-delà d'une certaine limite, notre ticket ne serait plus valable, comme le suggère le titre d'un roman sombre de Romain Gary. Nous associons volontiers la maturité à une eau enfin apaisée – voire stagnante ? –, idée qui nous procure paradoxalement un certain soulagement : oui, tant mieux si nous avons enfin la sagesse d'accepter que « tout n'est pas possible », que décidément « ce n'est plus de notre âge » ! Et si nous avons surtout vécu dans le renoncement, l'âge va devenir un alibi formidable pour nous fuir une fois encore.

C'est trop tard, vraiment ?

Pourtant, nous n'avons jamais été aussi en forme physiquement et la cinquantaine nous offre une nouvelle liberté dont nous pourrions jouir. Comme le clame sur scène Florence Foresti avec humour : « C'est vachement bien d'avoir cinquante ans, c'est être ado avec une Carte bleue ! » Sauf qu'une fois encore, il peut sembler plus rassurant d'être assigné à cette place de quinquagénaires ou de sexagénaires, avec son lot de contraintes et d'interdits, plutôt que d'être dans la mobilité de notre désir. Pourtant, à vingt ans, étions-nous si libre et assuré ? Certes, l'arthrose aujourd'hui nous guette, mais en ce jeune âge avions-nous, au moins psychiquement, tous les possibles en main ? Avions-nous tant d'aplomb ? Étions-nous si léger ? Débarrassé de l'exigence professionnelle, de la famille à fonder, ces passages quasi obligés – et désirés ! – de la vie sociale, nous allons pouvoir explorer d'autres chemins. Nous sommes plus sûr de nous, attendons moins des autres, nous moquons plus volontiers de ce qu'ils pensent, nous avons davantage les moyens d'une forme d'impertinence. Le temps passant, nous allons nous affranchir plus volontiers des normes et des devoirs auxquels nous pensions être soumis, une obligation surtout imaginaire, rappelons-le. Moins dupe, pas forcément désabusé, nous sommes capable de revisiter et d'assouplir les règles, de les contourner avec malice, poussé par un désir qui ne réclame plus d'autorisation. Au lieu de courir voir les expositions « incontournables », nous irons peut-être flâner au soleil à la terrasse d'un café, et tant pis pour les dîners en ville où nous ne pourrons pas exposer notre raffinement… « C'est bien, en vieillissant, nous avons la culture », disait une femme à un homme de soixante-six ans, pensant établir une certaine connivence sur la séduction envolée et les difficultés liées à l'âge. Et l'homme de lui répondre : « Oui, vous avez raison, d'ailleurs, je viens de me mettre à l'escalade. » Il s'agira de résister à l'air ambiant qui nous susurre de nous ranger tranquillement sur le côté, et de nous préserver des petites phrases mesquines de certains, habiles à nous mettre sous le nez nos ambitions encore en friche. « Alors, ce tour du monde, c'est pour quand ? Et ce film dont tu nous rebats les oreilles, quand le verrons-nous ? » Il ne s'agit pas tant de leur impatience, mais d'une volonté à peine déguisée de pointer notre difficulté à mener à bien un projet annoncé. Qui réclamerait peut-être quelque discrétion pour ne pas être empêché. Une ambition affichée agace souvent les autres, surtout s'ils se l'interdisent, prompts alors à la qualifier de prétentieuse. Peut-être, et pourquoi pas ? Le désir nous pousse à nous lancer des défis à nous-même – et non pour que la galerie applaudisse – nous permettant de progresser sans cesse, quels qu'en soient les aboutissements. Tant pis pour les grognons perfides…

S'affranchir des attentes des proches

Si, le temps passant, il nous est plus facile de tenir en laisse les desiderata de la société, nous sommes nettement plus empêché quand les demandes émanent de nos proches, que ce soit pour conduire les petits-enfants au foot et à la danse, ou prêter main-forte pour bricoler. Dans la tête de certains grands enfants, le parent reste corvéable à merci. Pas question qu'il parte à l'étranger pendant six mois: qui va garder les petits-enfants? Pas question non plus qu'il refasse sa vie ou qu'elle passe du bon temps avec un nouveau compagnon, « ça » ne devrait plus l'intéresser à cet âge... Et si d'aventure il est veuf ou veuve, pour sa progéniture toute nouvelle flambée amoureuse peut être inconcevable et donc inadmissible. Malheureusement, certains se font piéger et ravalent leurs élans pour ne pas risquer de peiner leur enfant exigeant, qui a pourtant largement dépassé les trente ans, ce qui à terme ne profitera à personne. La liberté se conquiert en brisant les chaînes, même les plus aimantes. Pour ne pas lâcher le fil de notre désir, nous aurons à décevoir des attentes, ce qui n'est pas facile, mais sera toujours récompensé à l'arrivée. Prenons encore ce fameux démon de midi qui fait ricaner dans les chaumières. L'homme ou la femme qui décide à cinquante ou soixante ans d'envoyer valser son couple est aussitôt étiqueté: il fait *forcément* sa crise, refuse *forcément* de vieillir. Mais qui sait ce qui se passe au sein d'un couple? Qui peut se permettre de juger? Pour quelques immatures qui pensent se refaire une jeunesse illusoire au bras d'un cadet ou d'une cadette – entreprise au succès peu probable –, il est aussi des hommes et des femmes qui agissent par élan vital, s'étiolant dans un couple devenu un compagnonnage rassurant mais limitant, quelquefois ennuyeux. Un homme de cinquante ans, remarié avec une femme de quarante, répond ainsi aux quolibets de l'entourage: « Je ne suis pas parti avec elle parce qu'elle est plus jeune, mais parce qu'elle rit. » Peut-être n'iront-ils pas bien loin ensemble, peut-être le quittera-t-elle d'ici quelques années? Il n'empêche, aujourd'hui il est heureux et n'a pas de regrets. Beaucoup n'osent pas tenter l'aventure du bonheur par manque d'assurance sur l'avenir : peur d'être largué, peur de vieillir seul… Il est regrettable de s'empêcher de vivre aujourd'hui pour un hypothétique demain, dont nous ne serons jamais certains. Pour conclure sur le sujet, méfions-nous toujours de nos cris d'orfraie. Qu'est-ce qui dans le choix de cet ami m'agace tant et me dérange ? Inconsciemment, est-ce que je m'en sens menacé ? Quand un événement qui ne nous concerne pas directement nous met en colère ou en émoi, arrêtons-nous un moment : comme l'angoisse, il signale souvent un désir qui n'arrive pas à se faire entendre, des doutes que nous refoulons. Et si ces rejets tonitruants étaient des envies, des possibilités que nous n'assumons pas ?

Une autre séduction

La libido ne disparaît pas avec l'âge, la séduction non plus ! L'une et l'autre changent et évoluent. En revanche, il y a une autorisation à s'accorder pour continuer à séduire après cinquante ans, pour résister aux images que nous renvoient par exemple les médias, qui semblent considérer que la vie amoureuse et sexuelle ne concerne que les quinze/trente-neuf ans. Les femmes surtout sont victimes d'opprobre : celles qui affirment un désir offensif sont qualifiées de couguars – avec envie et effroi –, comme si elles n'avaient ni le droit d'être des chasseresses ni celui de coucher avec des partenaires plus jeunes qu'elles. Beaucoup se lamentent d'être devenues transparentes aux yeux des hommes, mais au lieu de se chercher dans leur regard, d'y guetter une approbation, elles seraient mieux avisées d'interroger leur désir : quel est-il et que vise-t-il ? Veulent-elles être rassurées ou se risquer réellement à la rencontre de l'autre? Une femme d'expérience, moins inhibée et plus au fait de ses envies, et qui assume son goût de la séduction, continuera à plaire, tandis que celle qui a toujours vécu sa vie sur un mode fataliste soupirera: je sais bien que les hommes ne s'intéressent pas aux femmes de plus de cinquante ans, se retenant ainsi à cette barrière. Beaucoup croient vouloir séduire mais refusent en fait de s'abandonner au charme de l'autre, persuadées de leur insignifiance. Trop focalisées sur la mauvaise image qu'elles ont d'elles-mêmes, elles restent sur le qui-vive à guetter les signes négatifs, négligeant les positifs, et ne prêtent aucune attention aux hommes sensibles à leur charme. Séduire ne consiste pas à papillonner du regard ou à forcer sur le rouge à lèvres, mais à porter une attention à l'autre, à s'exposer à un véritable échange. Sur ce plan-là, l'âge est un indéniable atout. Le nouveau combat des femmes mûres est celui de la revendication de leur sexualité, étant admis que les hommes, eux, n'en auraient jamais fini avec elle. Nous sommes encore sous la houlette de la génération de nos mères et grands-mères, qui ne s'affirmaient pas comme des sujets animés de désir sexuel, voire qui s'en défendaient. Une fois passée la ménopause, elles tiraient le rideau, accréditant l'idée que séduction et sexualité ne sont réservées qu'au temps de la procréation. Le mouvement de libération des femmes démarré dans les années 70 doit se poursuivre, les quinquas sont des pionnières, même si elles sont encore empêtrées dans les valeurs de leurs ancêtres. Quelle femme peut se prévaloir d'être totalement affranchie de deux mille ans d'histoire? Il est nouveau de penser que toute femme peut faire l'amour tard dans sa vie, même si au XVIIe siècle la courtisane Ninon de Lenclos n'hésitait pas à prendre un amant à quatre-vingts ans.

L'âge, c'est dans la tête?

Pas uniquement… Ne tombons pas dans le travers extrême qui consiste à nier les réalités. Bien sûr, notre corps impose ses limites: l'âge a ses inconvénients, ne serait-ce que des articulations moins souples, un souffle plus court, des rides sur le front. Toutefois, le jeunisme ambiant peut conduire à nier ces réalités et pousser certains à adopter un comportement immature. Remarquez ces personnes qui vous interpellent: «alors, quel âge me donnez-vous?» avec l'air d'un enfant fier qui attend un compliment. Gênés, nous faisons un rapide calcul, essayant d'en rabattre sur le nombre d'années de peur de commettre un impair et de froisser. À un fanfaron insupportable qui réclamait cette réassurance, une femme à la langue bien pendue avait répondu: «Effectivement, tu ne fais pas ton âge… surtout quand tu parles!» Mais que faisons-nous de ces transformations, de ces nouvelles donnes et ce qu'elles induisent, les invoquerons-nous pour justifier nos retenues, pour ne pas assumer nos désirs? Nous avons pourtant de nouveaux atouts: nous nous connaissons mieux, nous sommes moins englué dans les diktats sociaux. Physiquement, nous avons peut-être trouvé notre style. Iris Apfel, la nonagénaire devenue la coqueluche de la pub, rapporte ce conseil que lui avait donné dans sa jeunesse Frieda Loheman, propriétaire d'un magasin à Brooklyn: «Ne laissez personne vous dire que vous êtes jolie. Vous êtes bien plus que cela, vous avez du style.» Et cette qualité se moque des années! La vieille dame indigne confie également être bien soulagée de ne plus avoir à s'inquiéter de son allure en bikini. Et soulignons combien l'humour, que le poids des ans peut encore déployer, est un ingrédient précieux. À quatre-vingts ans, Wolinski a annoncé à sa compagne Maryse, dont il partageait la vie depuis plus de quarante ans, qu'il voulait être incinéré, tout en précisant: «Jette mes cendres dans les toilettes, comme ça, je continuerai à voir tes fesses!» N'est-ce pas un joli pied de nez à la camarde?

Le syndrome du «vieux con»

À continuer de bâillonner nos désirs, l'âge avançant, c'est l'aigreur qui nous guette. Là encore, défendant à tout prix une identité qu'ils veulent immuable, certains refusent de revenir sur leurs croyances d'antan et restent accrochés à leurs certitudes, comme des moules sur un rocher. Le changement? Une imposture! Ils dénigrent les jeunes, forcément moins bien qu'eux d'être différents. Effrayés par des codes qu'ils ne maîtrisent plus, ils préfèrent les critiquer d'emblée au lieu de s'y intéresser. S'ils se sentent floués par la vie, s'ils ont passé leur temps à répondre aux demandes des autres sans prendre en compte ni mettre en acte leur propre désir, leur rejet sera maximum. À l'inverse, Roland Barthes n'a eu qu'une constante: l'infidélité. Il a réfléchi d'une certaine manière, puis s'est contredit, revendiquant des volte-face essentiels à toute pensée en mouvement. À la fin de sa vie, le sémiologue était entouré de jeunes qui l'ont pleuré à chaudes larmes. En homme de désir, il avait une belle qualité d'écoute, aimait solliciter leur avis, n'estimant pas que la maturité garantisse une supériorité sur la jeunesse. Des jeunes qui apprécient souvent de discuter avec les générations précédentes, à condition qu'elles ne se transforment pas en juges et en donneuses de leçon. En étant curieux, attentif à ce qui nous touche et nous émeut dans cette nouvelle dynamique, nous avons toutes les chances d'éviter l'aigreur. Admettre que nous avons des cultures différentes est toujours une occasion d'élargir la sienne.

Le désir passe et repasse

Nous continuerons tous à être agités de désir, lequel repasse souvent deux fois – au moins! Sommes-nous prêts cette fois à lui ouvrir la porte ou laisserons-nous la lettre retourner d'où elle vient, avec la mention « inconnu à cette adresse » ? Le juge Trevidik déjà cité voulait devenir musicien ou écrivain, mais ses parents exigèrent qu'il fasse du droit. Il a accédé à leur demande, y a sans doute trouvé ses propres satisfactions, mais n'a pourtant pas renoncé à son attrait pour le monde des arts : il joue dans des salles de concert, vient d'écrire un roman, nourri de son expérience de spécialiste de l'antiterrorisme, preuve qu'il n'est jamais trop tard, et que l'on peut cumuler les passions. Cessons d'invoquer la fatalité de l'âge pour remiser définitivement tout élan désirant. D'ailleurs, mieux vaut ne pas le remettre éternellement à demain, nous n'avons plus toute la vie devant nous. Si certaines aventures seront difficiles, voire impossibles à poursuivre, il en reste tant d'autres à saisir, ou à réaliser différemment. À presque cinquante-cinq ans, Dominique Blanc vient d'entrer à la Comédie-Française, démontrant que l'on peut prendre un nouveau tournant, alors même qu'elle était installée dans le succès depuis des années. Soudain, une nouvelle énergie la porte ailleurs, lui donne envie d'emprunter un autre chemin, celui de la troupe. Elle a été recalée plusieurs fois quand elle était jeune à l'entrée au conservatoire d'art dramatique. La journaliste qui l'interviewe lui demande si elle a trouvé là une façon de se venger. Une vengeance? Non, une revanche, assure-t-elle d'une voix douce et tranquille. Des bifurcations peuvent se présenter à tous les âges, comme le montre l'exemple de cette dame qui a soutenu sa thèse à quatre-vingt-un ans. Elle a aussi entrepris de déménager, au grand dam de ses enfants, déconcertés qu'elle soit partie de la maison familiale pour se rendre en ville où il y a des cafés et des cinémas. Cette femme un peu effacée a pu se déployer à la mort de son mari, non parce qu'il la brimait – elle l'aimait profondément –, mais parce qu'elle ne s'autorisait pas à affirmer ses désirs à ses côtés. Elle fait partie de cette génération où les femmes n'étaient pas invitées à rappeler « moi aussi, j'existe! ». Que dire encore de cette vieille dame de quatre-vingt-cinq ans qui a perdu un mari auquel elle était très attachée? L'entourage pensait qu'elle n'allait jamais se remettre de ce décès, elle qui ne faisait jamais un pas sans son compagnon. Mais, quelque temps après, elle s'est inscrite au club de scrabble de son quartier, va au théâtre avec ses nouvelles amies, veuves comme elle. Ses enfants sont presque déçus, ou pour le moins troublés: ne devrait-elle pas pleurer leur père? Pourtant, quand le lien a été de qualité, quand la vie l'a toujours emporté, se dessine une possibilité de poursuivre cette vie, malgré le chagrin. En revanche, la situation inverse réserve des surprises, à l'instar de cette autre veuve qui vivait sous la férule d'un homme autoritaire. Contre toute attente, elle ne s'est jamais remise de sa mort, leur lien névrotique ayant rendu le deuil impossible. La perte de son tyran l'a anéantie et, loin de profiter de cette nouvelle liberté, elle l'a rejoint dans la tombe quelques mois plus tard.

Les accidents de la vie

Deuil, maladie, licenciement : avec l'âge, les accidents de la vie ont tendance à se multiplier. Vont-ils nous stopper sur la route de notre désir ? Pas forcément, d'autant moins qu'on aura pris soin d'écouter sa musique. Ces épreuves font déflagration et redistribuent les cartes : la maladie peut nous faire prendre conscience de la fragilité de la vie, et paradoxalement nous donner des ailes pour faire enfin ce que nous désirons plus que tout. En cassant un fonctionnement ancien, un accident de la vie peut ouvrir une nouvelle porte, nous révélant la possibilité d'être différents avec d'autres envies, jamais envisagées jusque-là. Si l'événement douloureux continue d'empêcher les moins désirants – décidément, le sort s'acharne sur eux ! –, d'autres y verront une occasion de réajustement ou de réorientation à saisir d'urgence. Bien décidés à ne pas remettre leur désir à demain, ils embrasseront leur vie et reconsidéreront leurs priorités.

D'ailleurs, la nature de l'accident importe peu : c'est surtout ce qu'il va déclencher en nous qui est important. Le chômage peut nous mettre à terre, alors que nous avions trouvé notre justification dans le travail : nos vieux démons d'illégitimité refont surface… Si celui-ci est le garant de notre place dans la comédie sociale, il est certain que l'épreuve sera rude et le risque d'effondrement maximum. Mais tout accident de la vie peut nous offrir l'opportunité de réviser nos croyances et nos certitudes, de cesser de nous soutenir de béquilles forcément précaires, de questionner ce qui fait sens dans notre existence. Comme le dit si bien le comédien et humoriste François Damiens[1] : « De toute façon, on ne

1. *Elle*, 11 mars 2016.

maîtrise pas grand-chose dans la vie. En trois jours, on peut ne plus être amoureux de sa femme, voir ses enfants partir de travers, se retrouver au chômage. La vie passe tellement vite. Bon, j'arrête, on dirait du Brel… »

La disparition des parents

Autre épreuve de l'âge de la maturité, la mort des parents, qui nous prive brusquement d'une base solide et rassurante et nous fait prendre conscience de notre propre finitude. Certains vont pouvoir enfin se déployer sans le regard parfois réprobateur de leurs géniteurs, mais ce n'est pas la règle, loin de là. Comment va vivre ce fils en quête perpétuelle de reconnaissance ? Et cette fille, qui quotidiennement se racontait par le détail à sa mère ? La disparition ne règle rien et du fond de leur tombe, certains parents continuent à exercer leur pouvoir parfois néfaste. Certains vont se désoler de ne plus avoir l'occasion de réparer une relation défaillante, restant d'éternels mal-aimés. L'idée que la mort des parents ouvrira enfin la porte de la prison est bien souvent un leurre. Elle porte la même illusion que ceux qui misent tout sur leur divorce : la séparation, une fois effective, les confronte au fait que ce n'était pas l'autre qui les brimait, mais eux qui ne parviennent pas à assumer leur liberté.

Jusqu'au bout de la vie

Le désir ne meurt jamais. Régulièrement, cette dame de quatre-vingts ans prend le temps de se demander en s'étirant dans son lit qu'est-ce que elle pourrait bien faire pour la première fois. « Cela m'aide à compenser les "jamais plus" auxquels je dois faire face », explique-t-elle. Ce n'est pas l'âge qui nous fait, mais nous qui faisons avec notre âge. Nous mettons de nombreux facteurs sur le compte du poids des ans, notamment cette fameuse fatigue. Est-elle physiologique, l'énergie s'est-elle envolée ? À quatre-vingt-dix ans, Jean d'Ormesson, l'œil pétillant, court les plateaux de télé et les radios, du matin jusqu'au soir, pour faire la promotion de son dernier ouvrage. Éreinté ? Sans doute, mais le plaisir à défendre son dernier bébé le revigore assurément. Le comédien Michel Bouquet, autre fringant nonagénaire, continue de jouer tous les soirs, sans appréhension de mourir sur scène, comme son maître Molière. On peut être animé de désir jusqu'au bout de la vie, à l'instar de cette vieille dame de quatre-vingt-sept ans qui, n'ayant pourtant pas eu une existence facile, s'est exclamée la veille de sa mort : « Ah ! mais pourquoi j'aime tant la vie ? » Souhaitons-nous cette énergie désirante jusqu'à notre dernier souffle.

Conclusion

L'impatience est une soif qu'aucune justification n'épanche.

Éric-Emmanuel SCHMITT

Vivre ses désirs… Qui ne souscrirait à cette proposition ? Son apparente légèreté – voire frivolité – aura été supplantée, nous l'espérons, au fil de ces pages par un engagement intense, vivant, souvent effrayant, parfois difficile, mais combien exaltant.

Un engagement qu'il n'est pas question de tenir à chaque instant de sa vie, ni d'y réfléchir chaque fois que nous posons un pied par terre le matin. S'agit-il de réflexion, d'ailleurs ? Ou plutôt de sensations, d'écoute de ce qui nous freine ou s'agite en nous, de questions qui frémissent et que nous sommes toujours prompt à refouler, par peur de leurs réponses ?

Souvent sur le divan, le patient soupire que ce n'est pas le moment de tout remettre en cause : comment voulez-vous que je mène tout de front ? Vous pensez que j'ai le droit d'interroger mon mal-être au travail, alors que je dois déménager dans l'année, que mon dernier rentre dans l'adolescence, que mon couple traverse quelques difficultés, que… La liste est longue, infinie! Or ces désirs qui nous agitent, et dont nous craignons tant le désordre et les débordements, ne visent finalement qu'un but: un épanouissement, qui en passera par des réalisations aussi diverses que variées, aussi modestes que follement ambitieuses. Écouter leur frémissement – ou leur tempête – c'est être capable d'établir des priorités, de faire le tri entre un espoir stérile et un projet réaliste. C'est distinguer peu à peu, quelquefois en plongeant tête baissée et sans trop réfléchir, ce que nous voulons *vraiment,* ce qui pour soi est réellement *essentiel.* Deux mots majeurs pour des désirs qui peuvent s'avérer accessibles, à portée d'une main que nous n'osons pas tendre de peur de nous faire taper sur les doigts. L'énergie libérée que nous nous sommes épuisé à contenir jusque-là met à bas le fameux « chaque chose en son temps » auquel nous nous accrochons. Lorsque, comme bien souvent, tout bouge et arrive simultanément, eh bien, nous nous en débrouillons, davantage dopé que laminé par ce chaos qui remettra bien des choses en ordre. D'un ordre qui n'est que le nôtre, avec lequel nous composerons facilement.

Et pourquoi les vivre *vite*, ces désirs? Quand tout va déjà trop rapidement – une plainte unanimement reprise en chœur, et qui n'a pas attendu notre époque et ses technologies stupéfiantes pour être nourrie?

Vite, car il s'agira toujours de devancer les réticences extérieures, qui font écho à nos propres peurs.

Vite, car il est si tentant de se blottir dans l'attentisme au lieu d'essayer, de se découvrir différent de ce que l'on croyait, assurément plus vaste et plus complexe.

Vite, car nos voix singulières sont si facilement recouvertes par les prêts-à-porter des comportements obligés, des méthodes à appliquer, des buts convenus à poursuivre et des bonheurs garantis à suivre le gros du troupeau.

Ce *vite* sera propre à chacun et son rythme ne sera pas régulier : ni valse à deux ou trois temps, ni tango ou rock endiablé, mais tout cela et davantage encore selon les danses que nous aimons, les seules que nous dansons bien. Mon *vite* peut s'étirer dans un temps qui peut paraître trop long à mon voisin, ou ressembler de l'extérieur à un coup de sang inconsidéré. Ce *vite* est celui d'un impératif qui part de soi, ne s'en remet pas au temps d'autrui, ne se planque pas derrière trop de raisons raisonnables qui en général rassurent tout le monde et légitiment les immobilismes de chacun. *Vite*, car la vie est mouvement, que nos impatiences ne sont pas que des défauts, mais aussi des énergies bouillonnantes qui réclament leur passage à l'acte. Cette précipitation est une bourrasque vivifiante, sans risque aucun. Le seul réel danger ? Se retenir au bord de sa vie, en ravaler les élans et les désirs, ce qui nous mènera encore plus vite au néant. Laissons le mot de la fin à Alessandro Baricco : « Ce sont les désirs qui sauvent. Ils sont la seule chose vraie. Si tu marches avec eux, tu seras sauvée[1]. »

1. Alessandro Baricco, *Océan mer*, Albin Michel, 1998.

Table

Des mêmes auteures

La Belle Ambition, Jean-Claude Lattès, 2013

Ouvrages de Sophie Cadalen

Aimer sans mode d'emploi, Eyrolles, 2014

Tout pour plaire et toujours célibataire, Albin Michel, 2009

Les femmes de pouvoir, des hommes comme les autres ?, Le Seuil, 2008

Inventer son couple, Eyrolles, 2006

Hommes, femmes, ni Mars, ni Vénus, éditions Leduc, 2006

Toi Mars, moi Vénus… ou le contraire, éditions Leduc, 2006

Rêves de femme : faut-il oser les fantasmes ?, éditions Leduc, 2005

L'autre et moi, Michel Lafon, 2001

Romans

Tu meurs, Tabou, 2014

Double vie, éditions Blanche ; Pocket, 2010

Les Autres, éditions Blanche, 2002

Tu meurs, Le Cercle, 2001

Le Divan, éditions Blanche, 1999

Ouvrages de Bernadette Costa-Prades

Tina Modotti, Philippe Rey, 2015

Niki de Saint Phalle, Libretto, 2015

Je me souviens de Toulouse, Les Beaux Jours, 2015

Simone de Beauvoir, Libretto, 2014

L'amour et les kilos, avec Stéphane Clerget, Albin Michel, 2014

Frida Kahlo, Libretto, 2013

Plus belle ma vie après 50 ans, avec Claudine Badey Rodriguez, Albin Michel, 2011

Osez vous faire respecter ! avec Stéphane Clerget, Albin Michel, 2010

Réussir son nouveau couple, Hachette Littératures, 2009

Tu te souviens de 68 ? Une histoire intime et affectueuse,
Albin Michel, 2008

Ce que les femmes préfèrent, première enquête sur le désir féminin,
avec le Dr Sylvain Mimoun, Albin Michel, 2008

Apprendre à faire le vide, avec Paul Ariès, Milan, 2008

Devenir parent d'adolescent, Milan, 1999

Je me souviens du Marais, Parigramme, 1996

LIVRES POUR ENFANTS ET ADOLESCENTS

Momo, un moineau à Paris, Parigramme, 2013

Comment survivre quand les parents se séparent ? avec Stéphane Clerget,
Le Livre de Poche, 2012

Comment survivre en famille ? avec Catherine Vanier,
Le Livre de Poche, 2011

Comment survivre à l'école ? avec Roland Beller,
Le Livre de Poche, 2011

Comment survivre quand on est une fille ? avec Emmanuelle Rigon,
Le Livre de poche 2011

Comment survivre quand on est un garçon ? avec Jacques Arènes,
Le Livre de poche, 2011

Les filles (un peu) expliquées aux garçons, les garçons (un peu) expliqués aux filles, Albin Michel, 2006

Comment survivre dans un monde de brutes ? avec Olivier Grignon,
Albin Michel, 2005

Cet ouvrage a été achevé d'imprimer
en avril 2016 dans les ateliers de
CPI Firmin Didot
au Mesnil-sur-l'Estrée

N° d'imprimeur : 135046
Dépôt légal : mai 2016
ISBN : 978-2-84876-516-7
Imprimé en France